Peter Strauch · Entdeckungen in der Einsamkeit

Peter Strauch

Entdeckungen in der Einsamkeit

BUNDES-VERLAG WITTEN

ABCteam

Bücher, die dieses Zeichen tragen, wollen die Botschaft von Jesus Christus in unserer Zeit glaubhaft bezeugen.

ABCteam-Bücher erscheinen in folgenden Verlagen:
Aussaat Verlag Wuppertal / R. Brockhaus Verlag Wuppertal
Brunnen Verlag Gießen / Bundes-Verlag Witten
Christliches Verlagshaus Stuttgart / Oncken Verlag Wuppertal
Schriftenmissions-Verlag Gladbeck

CIP-Kurztitelaufnahme der Deutschen Bibliothek

Strauch, Peter:
Entdeckungen in der Einsamkeit / Peter Strauch. — 2. Aufl. —
Witten: Bundes-Verlag, 1983.
(ABCteam; 3144)
ISBN 3-8137-3144-8

NE: GT

2. Auflage 1983

Druck: Bundes-Verlag, Witten
Umschlag: Carsten Buschke, Solingen
Fotos: Peter Strauch, Witten
Abdruck der Lieder auf den Seiten 46, 55, 82, 97 und 127 mit freundlicher Genehmigung des Hänssler-Verlags

ISBN 3-8137-3144-8

Inhalt

Liedtexte

Dieses Buch folgt keinem systematischen Aufbau. Es entstand anhand von Tagebucheintragungen. In diesen Aufzeichnungen spiegelt sich die heilende Therapie Gottes.

Um was es geht

Nun haben Sie das Buch in der Hand. Vielleicht hat es Ihnen jemand geschenkt. Oder Sie haben es sich schicken lassen und hatten gar nicht die Möglichkeit, vorher hineinzuschauen. Vielleicht halten Sie es auch noch unschlüssig in Ihren Händen. Sie fragen sich: Soll ich es kaufen oder nicht? Man kauft soviel und stellt es dann doch ungelesen in den Schrank. Darf ich Sie ein wenig beraten? Ich möchte Ihnen gerne sagen, um was es geht.

Es gibt viele Christen, die hervorragende Theoretiker sind. Aber die Wirklichkeit, von der sie predigen, ist ihnen fast unbekannt. Sie erfahren sie nicht. Die einzige Erfahrung, die sie machen, ist die, daß sie nichts erfahren. Das ist auf Dauer unbefriedigend. Schon mancher hat deshalb sein Christsein über Bord geworfen. Oder aber er schauspielert. Sein Glaube wird zur nichtssagenden Fassade.

Es stimmt zwar, daß es bei einem Christen auf den Start ankommt. Wer nicht begreift, daß er ohne Jesus Christus verloren ist, und wer daraufhin nicht sein Leben Jesus Christus anvertraut (die Bibel nennt das: Glaube), hat keine neue Existenz. Er wird die Wirklichkeit Gottes nie zu Gesicht bekommen. Aber mit dem Start ist nicht alles gelaufen. Es geht weiter. Der Glaube will gelebt werden. Aber *wie*? Das ist mein Thema.

Das scheint mir auch für die Nichtchristen unter uns eine wichtige Frage zu sein. Wenn Christen nur mit frommen Begriffen umgehen, können wir ihren Glauben vergessen. Aber angenommen, Gott ließe sich tatsächlich erfahren. Angenommen, das überwältigende neue Leben wäre eine Realität. Wäre es dann nicht verrückt, achtlos daran vorüberzugehen?

Übrigens rede ich hier nicht über Methoden. Ich biete auch keine systematisch aufgebaute Lehre über geistliches Wachstum an. Dazu gibt es andere gute Literatur. Ich möchte mit Ihnen über meine Erfahrungen während einer körperlichen und seelischen Krise sprechen. Sie wurde für mich auch zu einer geistlichen Krise. Aber damit sind wir schon mittendrin im Thema. Wenn Sie mehr wissen wollen, sollten Sie sich vielleicht für den Kauf des Buches entscheiden (falls das noch nicht geschehen ist), sich gemütlich hinsetzen und in Ruhe weiterlesen.

Nun hat die Nacht den Tag vertrieben.
Vater im Himmel, bleib du bei mir.
Dann liege und schlafe ich ganz mit Frieden.
Du wirst mich bewahren. Ich danke dir.

Du weißt, weshalb ich heute traurig war.
Was mich bedrückt, hast du gesehn.
Du kennst das Grübeln, kennst meine Nöte.
Du kannst die Traurigkeit verstehn.

Du weißt, weshalb ich heute fröhlich war.
Du hast mein Lachen selbst gehört.
Du kennst die Freude, die mich bewegte.
Du kennst das Glück, das mich betört.

Du weißt, weshalb ich heute eilig war.
Du weißt, was mich in Hetze trieb,
kennst meine Worte und meine Taten.
Du weißt, was unerledigt blieb.

Du weißt, weshalb ich heute schuldig bin.
Verborgne Sünde deckst du auf.
Doch wenn ich dir jetzt die Schuld bekenne,
vergibst du mir und nimmst mich auf.

Nun hat die Nacht den Tag vertrieben.
Vater im Himmel, bleib du bei mir.
Dann liege und schlafe ich ganz mit Frieden.
Du wirst mich bewahren. Ich danke dir.

1. Tag

Wie es begann

Die Gedanken und Erfahrungen, von denen hier die Rede ist, waren zunächst nur für mich bestimmt. Wenigstens war das mein Eindruck, als ich vor einem Jahr an der holländischen Küste erlebte, wie Gott zu mir sprach.

Es begann an einem kalten, aber sonnigen Wintertag. Das heißt, eigentlich begann es früher. Aber darüber werde ich später berichten. An jenem Tag im Februar stand ich am Strand und sah auf die schäumenden Wellen der Nordsee. Über mir war ein klarer, tiefblauer Himmel. Kein Mensch war zu sehen. Nur Wasser, Sand und die Gräser der Dünen. Angesichts dieser Schöpfung kam ich mir sehr klein vor. Ich empfand etwas von der alles überragenden Größe Gottes.

Aber plötzlich schob sich ein anderer Gedanke in den Vordergrund. Ich hatte meinen Fotoapparat zu Hause gelassen. Da ich zu den Menschen gehöre, die angesichts einer faszinierenden Natur sehr schnell überlegen, wie sie diesen Eindruck auf einem Film festhalten können, beeinträchtigte das meine Freude erheblich. Doch dann machte mir Gott etwas klar. Ich sollte den Anblick seiner Schöpfung nur für *mich* haben. Es ging diesmal nicht um Dias für Tonbildserien und ähnliche Dinge, es ging um mich. Gott wollte zu mir persönlich sprechen. Ich verstand schnell, daß sich das nicht nur auf die Landschaft bezog. Schon lange schlug ich mich mit dem Problem herum, Bibeltexte und Predigten nur für andere Menschen zu hören. Beim Lesen eines Textes dachte ich daran, wie ich ihn am besten weitergeben könne, und beim Hören einer Predigt fragte ich mich, wie *ich* wohl darüber spräche. Ich ließ dem Geist Gottes kaum Zeit, mich persönlich zu treffen. Das sollte nun anders werden.

Und es wurde anders. Die Zeit in Holland wurde für mich zu einer intensiven Erfahrung mit Jesus. Ich lernte, mit eigenen Augen zu sehen und mit eigenen Ohren zu hören. Die Schöpfung Gottes, die Stille und vor allem die Bibel, das alles verband sich zu einer großen und klaren Predigt Gottes für mein persönliches Leben. Und wie sehr war ich darauf angewiesen!

Hinter mir lagen bedrückende Tage und Wochen. Angefangen hatte es mit Herzschmerzen und Schlaflosigkeit. Der Arzt verschrieb mir beruhigende und entspannende Mittel, aber ich schlief immer schlechter. Sorgen wuchsen während der nächtlichen Stille ins Unermeßliche.

Was sollte ich tun? Ich unternahm weite Spaziergänge und las viel. Meine Frau schirmte mich nach allen Seiten ab. Aber ich konnte mich nicht entspannen. Wichtige Aufgaben machten mich nervös, obwohl meine Mitarbeiterin während dieser Zeit nichts aus dem Büro in meine Wohnung dringen ließ. Termine beschäftigten meine Gedanken, obwohl alle Betroffenen mit sehr viel Verständnis auf Absagen reagierten. (Keine Frage: Es ging gut ohne mich. Das zeigten diese Wochen sehr deutlich.)

Hinzu kamen die Selbstvorwürfe. Machte ich nicht alles unglaubwürdig? Nicht nur mich, sondern auch Jesus? Zu wieviel Menschen hatte ich von der Macht und Freude Gottes gepredigt?! Schlug mein Zustand nicht dieser Verkündigung ins Gesicht? Vor wenigen Wochen war mein Buch „*Unterwegs erlebt*“ erschienen. Entsprachen die Erlebnisse darin angesichts meiner Situation noch der Wahrheit? Das waren nur einige der Fragen und Gedanken, die durch meinen Kopf jagten.

Durch verschiedene Hinweise stieß ich dann auf Holland. Mir wurde klar, daß ein Aufenthalt an der Küste eine geeignete Möglichkeit wäre, sich körperlich und geistlich zu erholen. Ich besprach die Sache mit meiner Frau und fuhr los. Wir hatten erkannt, daß dies Gottes Weg für mich sei. Und so kam es zu jenem Erlebnis am Strand und zu dieser geistlich so bedeutsamen Zeit für mich. Ich wohnte direkt an der Küste und verbrachte den Tag meist mit dem Lesen der Bibel und weiten Spaziergängen, auf denen ich viel mit Jesus und meinem Vater im Himmel sprach.

Weshalb ich nun doch über diese persönlichen Erfahrungen berichte? Zunächst einmal bin ich davon überzeugt, daß Gott seine Kinder sehr konkret führt. Im Blick auf dieses Buch meine ich, eine solche Führung zu erkennen. Jetzt, nach etwa einem Jahr, habe ich den Eindruck, Erfahrungen und Erkenntnisse aus jener Zeit aufschreiben und veröffentlichen zu sollen. Im Blick auf die mündliche Weitergabe ging mir das bereits im vergangenen Sommer so. In einer Bibelarbeitsreihe auf einer missionarischen Singefreizeit habe ich vieles von dem erzählt, was ich damals mit Gott erlebte.

Aber abgesehen davon wurde mir in den letzten Wochen und Monaten immer deutlicher, wie aktuell meine Erfahrungen aus jener Zeit sind. Viele Christen bewegen sich heute zwischen zwei Polen. Der eine Pol wird von solchen Menschen gebildet, bei denen die theologische Kenntnis zwar vorhanden ist, aber die geistliche Kraft fehlt. Das sind meist unzufriedene Menschen. Sie leben und verkündigen einen Glauben, den sie selbst nicht erfahren haben. Theorie und Praxis klaffen weit auseinander. Die Folge ist eine große Enttäuschung, nicht nur bei ihnen, sondern auch bei anderen.

Das gilt besonders für Kinder, die den bloß theoretischen Glauben ihrer Eltern schnell durchschauen. Entweder ziehen sie sich dann enttäuscht zurück, oder aber sie gehen denen auf den Leim, die den biblischen Glauben zu einer humanistischen Philosophie umformen. Da ist dann viel vom Handeln des Menschen die Rede und wenig von der Kraft Gottes. Der andere Pol ist dadurch gekennzeichnet, daß die geistliche Wirklichkeit verzerrt und überzogen wird. Hier verlieren sich Menschen in Schwärmerei. Heiligung wird zum scheinfrommen Perfektionismus. Wer diesem Weg folgt, wird entweder zum Heuchler oder aber zu einem unglücklichen und beklagenswerten Versager.

Bleibt uns angesichts dieser Situation nur der Mittelweg, der fälschlicherweise oft „golden" genannt wird? Bedeutet das, daß sich Christsein zwischen Heiligung und Verweltlichung zu bewegen hat? Geht es also darum, nicht zu weltlich, aber auch nicht zu heilig zu sein? Nein, das hätte keinen Sinn. Wäre ein Christ ein solches „Weder-Noch-Geschöpf", dann lohnte es sich nicht, mit Christus zu beginnen. Jesus Christus selbst verurteilt ja gerade ein solches Leben (Offenbarung 3, 15f). Er hat immer zur kompromißlosen Nachfolge gerufen. Das ist auch heute nicht anders.

Dann stehen wir vor folgenden Fragen: Läßt sich ein solches Christsein realisieren? Ist es wahr, daß Jesus das Leben in Fülle gibt (Johannes 10, 10)? Stimmt es, daß Menschen, die sich ihm anvertrauen, ein überfließendes Leben haben (Johannes 7, 38)? Oder handelt es sich bei alledem um theologische Aussagen, die zwar wahr sind, die aber mit Ausnahme unseres Denkens in unserer Existenz keinen Niederschlag finden? Viele Nichtchristen und manchmal auch Christen fragen so. Das ist der Punkt, der oft junge Leute aus frommen Häusern abhält, ein Leben mit Jesus Christus zu beginnen. Realisierbar oder nicht? Fromme Märchenwelt oder geistliche Wirklichkeit? Mit diesem Entweder-Oder haben wir es zu tun.

Keiner sage jetzt, die Wahrheit läge in der Mitte. Solche Halbwahrheiten kennt die Bibel nicht. Wahrheit im biblischen Sinn ist Wirklichkeit. Sie übertrifft sogar noch die Wirklichkeit unserer sichtbaren und berechenbaren Welt (2. Korinther 4, 18). Aber wie erfahre ich das? Wie realisiere ich geistliches Leben auf Dauer? Wie kann ich es verhindern, daß Christus zur religiösen Ideologie wird, die zwar mit geistlichem Vokabular arbeitet, aber im Grunde mit anderen Ideologien austauschbar ist? Das waren die Fragen, die mich in Holland beschäftigten. Durch meine körperliche und seelische Krise geriet ich an diese zentralen und existentiellen Probleme des Christseins überhaupt.

Darüber möchte ich nun in diesem Buch sprechen. Schritt für Schritt will ich aufzeigen, wie Jesus Christus die wunden Stellen bei mir aufdeckte und heilte. Mag sein, daß ich mir damit den Vorwurf einhandle, solche Dinge seien zu persönlich und nichts für die breite Öffentlichkeit. Aber was macht das schon? Die breite Öffentlichkeit wird dieses Buch ohnehin nicht lesen. Vielleicht wird es zu einer geistlichen Hilfe für Christen und Mitarbeiter in einer ähnlichen Situation, wie ich sie damals erlebte. Vielleicht hilft es auch solchen, die mit dem Christsein noch gar nicht begonnen haben, weil sie meinen, damit ihren Realismus aufgeben zu müssen. Ich denke auch an die, die zwar mit Jesus Christus unterwegs sind, denen geistliches Leben jedoch eher Quälerei als Freude zu sein scheint. Wenn bei alledem viel von mir die Rede ist, dann nur deshalb, weil ich überzeugt bin, daß ein exemplarischer und zeugnishafter Bericht vielen eher hilft als eine allgemeine Darstellung geistlicher Wahrheiten. Schließlich gibt auch die Bibel das Evangelium an vielen Stellen in persönlicher Form weiter. Wichtig ist nur, in allem einen Hinweis auf Jesus zu sehen. Denn nur er ist der Anfänger und Vollender unseres und auch meines Glaubens. Von ihm und seinem Handeln soll in diesem Buch die Rede sein.

Übrigens: Niemand stoße sich an dem Du der Anrede. Ich habe es gewählt, weil ich gerne in ein persönliches Gespräch mit dem Leser eintreten möchte. Damit dies nicht allzu einseitig wird, folgen nach jedem Kapitel einige Fragen, die sich eventuell auch zu Gruppenfragen erweitern lassen.

Die eingestreuten Liedtexte gehören nicht unmittelbar zum Text, aber sie entstanden fast alle in der Zeit, von der dieses Buch spricht. Die Fotos wurden später aufgenommen. Sie sollen den Leser anregen, hin und wieder das Lesen zu unterbrechen, ein Bild zu betrachten und mit Gott zu sprechen.

Laßt uns nun dafür beten, daß der Geist Gottes das Buch gebraucht, um uns zu solchen Christen zu machen, die das leben, was sie glauben.

Persönliche Fragen

1. Höre ich noch auf das, was Gott zu mir sagt, oder höre ich nur für andere (in Gottesdiensten, Bibelkreisen, beim persönlichen Bibellesen usw.)?
2. Was ist der Inhalt meines Glaubens? Welche Erfahrungen mache ich mit ihm im alltäglichen Leben?

Bibeltext: Johannes 7, 37-39

2. Tag

Geöffnete Augen

Jesus in Jericho. Menschenmassen säumten die Straßen. Alles war auf den Beinen. Jeder wollte ihn sehen, auch Bartimäus. Aber er konnte nicht. Er war blind. Vermutlich hatte er einiges über Jesus gehört. Man hatte ihm erzählt, daß Jesus Kranke heilte. Aber mit den Erzählungen gab er sich nicht zufrieden. Er wollte die Heilungskraft Gottes am eigenen Leib erfahren. Und als Jesus in seine Nähe kam, schrie er aus Leibeskräften um Hilfe: „Jesus, du Sohn Davids, erbarm dich über mich!" Doch sein Geschrei löste Empörung aus. Es entsprach nicht dem Protokoll. „Ruhe", zischte seine Umgebung. „Du kannst doch hier nicht solch einen Lärm machen. Was soll der Rabbi denken?!" Aber der Blinde ließ sich nicht den Mund stopfen. Er schrie noch lauter: „Sohn Davids, erbarm dich über mich!"

Dieser Bericht ging mir nicht aus dem Kopf. Bei einem Strandspaziergang fiel er mir ein. Ich versuchte, mich in die Situation des Blinden zu versetzen. Er gab sich nicht mit den Erzählungen anderer zufrieden. Er kannte die Schönheit der Natur nur vom Hörensagen. Aber er wollte sie mit eigenen Augen sehen. Deshalb schrie er zu Jesus.

Nun bin ich gegen eine vorschnelle *Vergeistlichung* der Heilungswunder Jesu. Sie tragen nicht nur symbolischen Charakter. Es handelt sich bei ihnen um sichtbare Wirkungen der Kraft Gottes. Wenn Jesus Menschen von ihren körperlichen Krankheiten heilte, dann haben wir darin nicht nur ein Bild für die Heilung von der Sünde zu sehen, sondern das machtvolle Wirken Gottes an körperlich kranken Menschen. Das, was hier an einzelnen geschieht, ist ein Hinweis auf die neue Welt Gottes, in der es keine Krankheiten und auch keinen Tod mehr geben wird.

Aber selbst die Bibel gebraucht das Blindsein als Bild für geistliche Wirklichkeiten. Es ist mehr als ein Bild. Da ist von der Blindheit des Volkes Israel die Rede oder von den blinden Menschen, die in der Dunkelheit ohne Gott leben. Auch die Pharisäer werden von Jesus blinde Blindenführer genannt. Es sind also Leute, die sehr wohl Augen im Kopf haben, aber die Wahrheit Gottes trotzdem nicht in den Blick bekommen.

Keine Frage, das leuchtet vielen von uns ein. Aber vermutlich ist weniger bekannt, daß es auch blinde Christen gibt. Mit Christen meine ich Menschen, die den Tod und die Auferweckung Jesu für sich persönlich in Anspruch genommen haben und Jesus Christus nachfolgen. Von solchen Leuten spricht Paulus, wenn er im ersten Kapitel des Epheserbriefes schreibt: *Ich denke an euch in meinem Gebet und bitte, daß der Gott unsres Herrn Jesus Christus, der Vater der Herrlichkeit, euch den Geist der Weisheit und der Offenbarung gebe, damit ihr ihn erkennt. Er erleuchte die Augen eures Herzens, damit ihr seht, zu welcher Hoffnung ihr von ihm berufen seid, welcher Reichtum an Herrlichkeit den Heiligen zuteil wird und wie überschwenglich groß sich seine Kraft an uns erweist, die wir glauben* (Epheser 1, 16-19).

Er erleuchte die Augen eures Herzens . . ., schreibt Paulus. Zweifellos spricht er damit die Gemeinde an. Das war das zweite, was mir am Strand einfiel; erst der Blinde von Jericho, dann Epheser 1. Und da ich der Zusage Jesu vertraue, daß uns sein Geist an sein Wort erinnert (Johannes 14, 26), nahm ich das als einen Hinweis von ihm.

Tatsächlich, das war genau das, was ich brauchte: offene

Augen für die geistliche Wirklichkeit. Damit plädiere ich keinesfalls für ein zweistufiges Christsein, bei dem nach der Wiedergeburt, sozusagen als höhere Stufe, die besondere Erleuchtung erfolgt. Aber ich bin überzeugt davon, daß viele Christen ohne ein wirkliches Bewußtsein für die unsichtbare Wirklichkeit Gottes leben. Eberhard Busch berichtet in seinem Buch über Karl Barth von einem Telefongespräch, das dieser am Vorabend seines Todes mit seinem Freund Eduard Thurneysen hatte. Die beiden alten Männer sprachen ausgiebig über die dunkle und bedrohliche Weltlage. Schließlich sagte Karl Barth zu seinem Freund: „Aber nur ja nicht die Ohren hängen lassen! Nie! Denn —, es wird regiert!"

Ist dir das bewußt? Ich meine, nicht nur theoretisch, sondern auch praktisch? Mit welchen Augen lesen wir die Zeitung? Wie sehen wir die Tagesschau? Wissen und glauben wir wirklich, daß Kommunalpolitik und Weltpolitik in der Hand Gottes liegen? Wie sieht es in deinem persönlichen Leben aus? Rechnest du damit, daß Gott es in seinen Händen hält? Ich warne vor einer schnellen Pauschalbeantwortung. Das Ernstnehmen der geistlichen Wirklichkeit läßt sich am besten am Detail ablesen. Jesus sagt: *Sorgt nicht um euer Leben, was ihr essen und trinken werdet; auch nicht um euren Leib, was ihr anziehen werdet. Ist nicht das Leben mehr als die Nahrung und der Leib mehr als die Kleidung* (Matthäus 6, 25)? Anschließend folgt der Hinweis auf die Vögel, für die der Vater im Himmel sorgt.

Nimmst du das ernst? Vielleicht warnst du mich jetzt vor einer leichtfertigen Auslegung dieser Bibelstelle. Ich weiß auch, daß Jesus in diesem Text noch mehr sagt als das, was ich zitiert habe. Trotzdem behaupte ich, daß dies nicht unser eigentliches Problem ist. Für uns ist der Vater im Himmel mit seiner Fürsorge nicht so real wie eine gefüllte Geldbörse und ein voller Kühlschrank. Das ist unser Problem. Wir unterscheiden zwischen irdischen und geistlichen Wirklichkeiten nicht in der Art, daß das eine dem Bereich der vergänglichen Welt angehört und das andere geistlicher Natur ist, sondern uns erscheint Irdisches relativ sicher und Geistliches eher vage. Viele von uns werden theoretisch etwas anderes behaupten. Aber ich frage nach der Praxis unseres alltäglichen Lebens. Die geistliche Wirklichkeit ist keine realitätsfremde Wahrheit, die irgendwo außerhalb unserer alltäglichen Existenz ihren Platz hat. Sie durchdringt unseren Alltag und trägt und gestaltet ihn. Wenn das nicht geschieht, zeigt das, wie materialistisch wir selbst als Christen denken und wie blind wir für die geistliche Wirklichkeit sind.

Als Francis Schaeffer 1947 von seiner ersten Europa-Reise nach Nordamerika zurückflog, setzten irgendwo über dem Atlantik plötzlich zwei Triebwerke des Flugzeugs aus. Es war Nacht. Die alte DC 4 begann unaufhörlich zu sinken. Die Passagiere wurden gebeten, die Schwimmwesten überzuziehen. Der Funker sendete sofort einen Notruf. Eine amerikanische Rundfunkstation, die ihn empfing, gab die Notlage des Flugzeugs unmittelbar danach in ihrem Radioprogramm bekannt. Dadurch hörte auch die Familie von Francis Schaeffer davon, und in kürzester Zeit wurde für die Rettung und Bewahrung jener Menschen intensiv gebetet. Als die Maschine schon soviel an Höhe verloren hatte, daß die Passagiere an Bord trotz der Nacht das Wasser des Atlantiks erkennen konnten, sprangen die Motoren plötzlich wieder an. Das Flugzeug gewann schnell an Höhe und landete nach einigen Stunden sicher auf dem amerikanischen Kontinent.

Francis Schaeffer ging zu dem Piloten und erkundigte sich nach der Ursache des Defekts. Aber der Pilot hatte keine Erklärung dafür. Er sagte: „Es kommt sehr selten vor, daß zwei

Motoren am selben Flügel aussetzen. Aber wenn es geschieht, ist es fast sicher, daß sie sich nicht mehr starten lassen. Wir verstehen das nicht."

Darauf erklärte Francis Schaeffer, er wisse, wieso das geschehen sei. Und als der Pilot gespannt auf eine technische Erklärung wartete, sagte er weiter: „Mein Vater im Himmel hat sie gestartet, weil ich gebetet habe."

Hilflos wandte sich der Pilot ab. Gibt es diese Hilflosigkeit nicht auch in unseren eigenen Reihen? Grenzen wir das Wirken Gottes nicht oft auf besondere Bereiche ein? Wenn es um geistlichen Segen geht, ist Gott zuständig. Geht es aber um technische und wissenschaftliche Dinge, dann verlassen wir uns lieber auf den Geist und Intellekt des Menschen.

Bitte, versteh mich jetzt nicht falsch! Ich plädiere sogar dafür, daß wir unser Denken und alle weiteren Gaben Gottes gebrauchen und ausschöpfen. Aber es sollte in dem Bewußtsein geschehen, daß der Geber dieser Gaben keine Grenzen kennt. Es gibt kein Tabu für Gott und sein kraftvolles Handeln. Er ist in meiner alltäglichen Welt so real wie der Tisch, an dem ich jetzt sitze und schreibe. Jede mathematische Formel geht letztlich auf ihn zurück. Er hat unbegrenzt alles in seiner Hand.

„Es wird regiert!" Nur wer diesen Satz in seinem praktischen Bewußtsein verankert hat, hat etwas von der geistlichen Wirklichkeit Gottes begriffen. Deshalb beginnt der Missionsbefehl Jesu mit dem Hinweis auf seine uneingeschränkte Macht. Sie gilt nicht nur im Himmel, sondern auch auf der Erde (Matthäus 28, 18). Erst auf Grund dieser Zusage sendet Jesus seine Jünger in die Welt. Wer in diesem Bewußtsein lebt, lebt und handelt wirklich im Glauben und kann entkrampft für Jesus Christus arbeiten.

Wie oft hatte ich darüber gepredigt. Aber lebte ich dement-

sprechend? Warum verkrampfte ich mich dann, wenn ich mir meine alltäglichen Aufgaben bewußt machte? Weshalb lieferte ich mich in den Nächten meinen Sorgen aus? O nein, ich strebte keine leichtfertige Frömmigkeit an. Aber ich wollte Gott beim Wort nehmen und seine Zusagen ausschöpfen. Das mußte doch möglich sein. Deshalb sprach ich mit ihm darüber. Hier draußen in der Einsamkeit ließ sich gut beten. Ich konnte laut mit Jesus sprechen. Ich tat etwas, was bei uns viel zu wenig geschieht. Ich gestand Jesus meine Blindheit ein. Ich hörte auf mit der Einengung meines Glaubens auf abstrakte und gedankliche Richtigkeiten. Ich sagte: „Herr, das ist mein Problem. Hilf mir!. Ich bin blind. Sicher, ich glaube an dich, ich lebe mit dir, ich predige von dir, aber ich brauche *erleuchtete Augen des Herzens*, damit ich einen Blick für dich habe, für deine Macht, für deine Zukunft."

Seine Antwort darauf war eine wachsende Erkenntnis der geistlichen Wirklichkeit. Gott schenkte mir ein neues Bewußtsein seiner Nähe. Das passierte nicht schlagartig. Nur langsam wurden die inneren Augen geöffnet für die Wirklichkeit des Glaubens. Jesus wartet darauf, daß wir ihm unsere Hilflosigkeit eingestehen.

Ich meine, daß wir mit Jesus über unsere Erwartungen sprechen sollten. Als der blinde Bartimäus schließlich vor Jesus stand, passierte zunächst überhaupt nichts. Anstatt zu handeln, stellte Jesus ihm eine Frage: „Was soll ich für dich tun?" War das nicht längst klar? Wußte Jesus nicht alles? Ganz Jericho wußte, daß dieser Mann blind war und nur einen Wunsch hatte, nämlich sehen zu können. Aber Jesus fragte ihn. Es scheint ein Prinzip Gottes zu sein, Fragen zu stellen. Er ist auf das Gespräch aus. Gott will Gemeinschaft mit uns. Zur Gemeinschaft gehört das Miteinanderreden. Er liebt uns, und deshalb wartet er darauf, daß wir ihm sagen, was uns fehlt.

„Rabbuni, daß ich wieder sehen kann“, sagte der Blinde zu Jesus (Markus 10, 51).

Und das sagte ich auch zu ihm. Das Eingeständnis meiner Blindheit und die Bitte um geöffnete Augen waren ein erster und wichtiger Punkt der Therapie Gottes in meinem Leben. Jesus sagt: *Die Gesunden brauchen keinen Arzt, sondern die Kranken* (Matthäus 9, 12). Es gibt keine bessere Voraussetzung für die Entfaltung der Kraft Gottes in uns als das Eingeständnis der eigenen Schwäche und Hilflosigkeit. Nur auf diesem Feld wachsen Bitten, die Jesus hört und erhören will nach seinem Willen.

Persönliche Fragen

1. Lebe ich im Bewußtsein der unsichtbaren Wirklichkeit Gottes (z. B. beim Ansehen der Tagesschau, beim Lesen der Zeitung, beim Umgang mit Angst und persönlichen Sorgen)?
2. Was prägt mein Leben stärker — die sichtbare Wirklichkeit der Welt oder die unsichtbare Wirklichkeit Gottes? Woran zeigt sich das?
3. Welche Defizite sind mir bewußt geworden? Worum möchte ich Gott jetzt bitten?

Bibeltext: Epheser 1, 16-19

3. Tag

Ein neuer Eigentümer

Wer sich offene Augen wünscht, um eine neue Wirklichkeit zu entdecken, erwartet eine besondere Therapie. Er ist der Meinung, daß zu einer neuen Wirklichkeit auch ein neuer Weg gehört. Deshalb ist er bereit, auch die ausgefallensten Anweisungen zu befolgen. Aber bei Gott werden solche Erwartungen meist enttäuscht. Ich mußte zuerst lernen, daß er mir nicht sensationelle Neuigkeiten eröffnete, sondern mich im Gegenteil auf die alten biblischen Wahrheiten stieß. Dazu gehörte für mich zunächst einmal, daß ein Christ ein Eigentum Jesu ist.

Mag sein, daß das nun einigen zu simpel klingt, da es doch ohnehin klar ist. Aber das ist es absolut nicht. Es gehört zwar zu den grundlegenden Wahrheiten des Neuen Testaments, daß Christsein Auslieferung an Jesus Christus bedeutet. Aber die Frage bleibt doch, ob wir diese Auslieferung im alltäglichen Leben realisieren. Es scheint mir eine Gefahr im pietistischen und evangelikalen Lager zu sein, daß wir zwar für eine biblische Verkündigung kämpfen, dabei aber das biblisch orientierte Leben aus den Augen verlieren. Jesus will nicht nur unsere Lehre, er will auch unser Leben. Er warnt uns sogar vor dem Gebrauch frommer Vokabeln, wenn unser Leben ihnen widerspricht (Lukas 6, 46). Gerade die alten und vertrauten Wahrheiten sind es, die wir in der Praxis so leicht übersehen. Wir sind so sehr von ihrer Richtigkeit überzeugt, daß wir nicht einmal merken, wie wir uns nach anderen Prinzipien ausrichten.

Ich erlebte, wie Gott meine Bitte um geöffnete Augen unterbrach und mir die Frage stellte: Gehörst du mir wirklich? Dabei gab er sich nicht mit einer schnellen und alles umfassenden Antwort zufrieden. Er rückte Bibelstellen in mein Bewußtsein, die ins Detail gingen. Da schreibt Paulus im 2. Korintherbrief, daß Christen nicht für sich selbst leben, *sondern für den, der für sie gestorben und auferstanden ist* (2. Korinther 5, 15). Lebte ich für Christus?

An einer anderen Stelle schreibt er, daß wir zwar dem Gesetz gestorben sind, nun aber einem anderen gehören, *nämlich dem, der von den Toten auferweckt ist* (Römer 7, 4). War mir das im Alltag bewußt, daß ich ihm gehöre? Den Vers 8 aus dem 14. Kapitel des Römerbriefs haben wir zu einem beliebten Beerdigungstext gemacht: *Leben wir, so leben wir dem Herrn; sterben wir, so sterben wir dem Herrn. Darum, ob wir nun leben oder sterben, gehören wir dem Herrn.* Aber das Wort richtet sich an lebende Menschen. Christen gehören im Leben und Sterben Christus. Er ist ihr Herr. Das sollen wir nicht nur wissen, wir sollen es leben. Deshalb schreibt Paulus in Römer 12, 1 . . . *gebt eure Leiber hin als ein Opfer, das lebendig, heilig und Gott wohlgefällig ist.* Praktischer geht es nicht. Selbst unser Körper ist eingeschlossen. Wir gehören ganz Gott. Er ist der Eigentümer. Er verfügt über uns. Und da Christen keine Marionetten Gottes sind, sondern Persönlichkeiten, die er liebhat, wartet er darauf, daß wir ihn wiederlieben und uns ihm aus Liebe zur Verfügung stellen.

Liebe läßt sich nicht erzwingen. Es war schon lange mein Wunsch, Jesus Christus wirklich liebzuhaben. Ich weiß noch, wie mich die Frage von Jesus an Petrus einmal traf: *Hast du mich lieb* (Johannes 21, 15-17)? Aber nun machte mir der Geist Gottes bewußt, daß meine Liebe zu Jesus sich nicht in Worten erschöpfen darf. Sie findet in der Auslieferung an ihn ihre Erfüllung. Alle „Darf ich als Christ"-Fragen schlagen dieser Liebe ins Gesicht. Christen, die so fragen, gleichen einem Ehepartner, der ständig die Grenze zur Untreue auslotet. Wenn ich Jesus Christus liebe, dann will ich ihm auch gehören.

Aber wie leicht schreibt sich das? Ist es nicht bei allem guten Willen viel schwerer, als wir meinen? Werden nicht selbst unsere frommen Aktionen sehr schnell zu eigensüchtigen Leistungen? Ich denke an die Tempelreinigung Jesu. Die Geldwechsler und Tierverkäufer hatten gute Gründe für ihren Aufenthalt im Hause Gottes. Sie dienten frommen Zwecken. Aber Jesus trieb sie alle hinaus. Sie hatten nicht die Ehre Gottes im Sinn, sondern ihren eigenen Profit. Was habe ich im Sinn? Was will ich erreichen? Wo liegen meine Motive? Es war für mich erschreckend zu sehen, wieviel gut gemeinte Einsätze nicht Jesus, sondern mir galten. Fast immer waren die Beweggründe gut getarnt. Aber die Frage Jesu vertrug keine Tarnung. Sie deckte alles auf.

Das passierte auf langen Spaziergängen durch die Dünen. Auf einem kleinen Block hatte ich mir die Bibelstellen notiert, die mir wichtig wurden. Ich nahm mir Zeit, sie Wort für Wort zu durchdenken und mit Jesus darüber zu reden. Dabei erfuhr ich etwas von der ungeheuren Leuchtkraft des Wortes Gottes. Wie Röntgenstrahlen durchdrangen sie die fromme Welt meiner Gedanken, Termine und Aktionen.

Mir fiel ein Erlebnis in Berlin ein. An der Straße „Unter den Linden" steht der Berliner Dom. Dort hatte ich einmal im Mauerwerk über dem Hauptportal ein altes Wort entdeckt. Es war kaum lesbar. „SOLI DEO GLORIA" stand da: Gott allein die Ehre! Das alte Bauwerk wurde zu der Zeit restauriert. Vor dem Dom standen Baracken der Bauarbeiter, und an dem Bauzaun waren große Schaukästen angebracht, in denen die Arbeiter gerühmt wurden, die sich besonders tatkräftig eingesetzt hatten. Sie hatten mehr geleistet, als der Plan vorschrieb. Einige von ihnen waren sogar mit einem Foto vertreten. Ich stand davor und dachte darüber nach. Oben, verwittert und kaum lesbar, SOLI DEO GLORIA, unten, groß und gut sichbar: die Ehrung der Bauarbeiter. War das nicht ein Bild für mein Leben? Gehörte die Ehrung Gottes nicht auch zur theoretischen Fassade und meine persönliche Ehre zur praktischen Wirklichkeit meines Lebens? Das alles machte mir Gott bewußt.

Aber genügte das? Hatte ich mich nicht schon zigmal Jesus Christus ganz zur Verfügung gestellt? Und doch machte ich immer wieder Rückzieher. Oft hatte ich den Eindruck, daß mich nur mein Optimismus über Wasser hielt. Ich begann immer neu in der Hoffnung, daß es jetzt anders würde. Und ich tröstete mich damit, daß Gott viel größer ist als mein Versagen und daß seine Gnade täglich neu für mich da sei. Ich bin übrigens bis heute überzeugt, daß dieser Trost gilt und daß wir ihn täglich in Anspruch nehmen dürfen. Und doch öffnete Jesus mir durch seinen Geist nun eine neue Perspektive.

Richtig bewußt wurde mir das erst eines Nachts. Ich konnte nicht schlafen. Da ich aufmerksam das holländische Rundfunkprogramm studierte und fasziniert war von den Möglichkeiten, die holländische Christen in diesem Medium haben, wußte ich, daß das Nachtprogramm zu diesem Zeitpunkt vom Evangelischen Omroep (Evangelischer Rundfunk) gestaltet wurde. Ich schaltete also das Gerät ein und hörte ein Lied von Elly und Rikkert, einem holländischen Duo, das meist in Coffee-Bars das Evangelium musikalisch weitergibt. Die beiden stellten das Thema-Lied ihrer neuen Langspielplatte vor. Darin wiederholte sich vor allem ein

Satz: „Jezus is alles in alles“ (Jesus ist alles in allem). Dieser Satz ging mir unter die Haut. Er traf mein Herz. Ich schlug die Bibel auf und las Kolosser 1, 25-27. Paulus spricht hier von einem Geheimnis, das seit Urzeiten verborgen war, nun aber enthüllt ist, nämlich: *Christus in euch!* Im nächsten Kapitel schreibt er, daß in Christus alle Schätze der Weisheit und der Erkenntnis verborgen liegen (V. 3). In V. 8 warnt er die Glaubenden vor der Verführung durch Menschen, welche Philosophien, aber nicht das Evangelium verkündigen. Ihr Kennzeichen: Sie gründen sich auf menschliche Überlieferung und die Mächte dieser Welt, nicht aber auf Christus. Und dann folgt die ungeheure Aussage, daß in Christus die ganze Fülle Gottes wohnt und daß wir, wenn wir in Christus sind, an dieser Fülle teilhaben.

Begreifen wir überhaupt, was das heißt? Ich hatte es gewußt, aber noch nicht wirklich begriffen. Es kam auch nicht zu einer punktuellen neuen Erfahrung bei mir. Aber durch die neue Blickrichtung geschah etwas ganz Wesentliches in meinem Leben. Bisher hatte ich bei dem Stichwort „Hingabe an Christus“ mich und meine Anstrengung im Blick gehabt. Nun lernte ich auch in dieser Sache auf Christus zu sehen. Er ist buchstäblich „alles in allem“. Nicht einmal den Glauben hätte ich, wenn er ihn mir nicht geschenkt hätte. Er ist der Begründer und Vollender meines Glaubens (Hebräer 12, 2). Nicht ich habe zuerst mit ihm begonnen, sondern er mit mir (Philipper 1, 6). Und selbst da, wo der Philipperbrief seine Leser ermahnt, mit Furcht und Zittern um das Heil bemüht zu sein, heißt es im nächsten Satz: *Denn Gott ist es, der in euch das Wollen wie das Vollbringen wirkt . . .* (Philipper 2, 13).

Also: Wegsehen von mir und aufsehen auf Jesus (Hebräer 12, 2). Das ist der Schlüssel zur Hingabe. Alles andere ist vom Teufel. Auch das Gute ist nicht gut ohne Christus. Die Raffinesse und Hinterlist des Satans übersteigt all unsere Vorstellungen. Wem er nicht mit offensichtlicher Sünde beikommen kann, den verführt er durch eigenwilliges Frömmigkeitsbemühen. Das sieht dann sehr geistlich aus und ist auch durchaus so gemeint, aber es trifft nicht den Kern. Es läßt die eigentliche Kraft außer acht und führt meist zu einer alles verurteilenden Gesetzlichkeit. Durch Jesus Christus haben wir nicht nur Gerechtigkeit und Erlösung bekommen.Er ist auch unsere Heiligung (1. Korinther 1, 30).

Um das zu verstehen, müssen wir sehr sorgfältig vorgehen. Das Dickicht unseres frommen Bemühens ist nur schwer zu durchschauen. Mir half dabei ein Bild von Watchman Nee. Er warnt davor, Jesus zum Großhändler zu machen. Dabei vergleicht er den Christen mit einem Geschäftsmann, der seine Kundschaft mit Ware zu versorgen hat. Er greift ins Regal und liefert aus, was gewünscht wird. Aber eines Tages geht ihm die Liebe aus. Das Regal ist leer. Was nun? Ein Kunde steht im Laden, den dieser Geschäftsmann nicht ausstehen kann. Er kann ihn nicht liebhaben. Also ruft er Jesus an und bittet ihn um Liebe für diesen Menschen. Ist das nicht gut, richtig und geistlich? Watchman Nee warnt davor. Jesus wird auf diese Weise zum Lieferanten gemacht. Er liefert aus, und wir bleiben unsere eigenen Chefs. Biblische Heiligung sieht anders aus. Da heiligt sich Jesus für uns, damit wir geheiligt sind (Johannes 17, 19). Und wir sind geheiligt, wenn wir ihm gehören. Wenn sein Geist in uns wohnt und uns von Augenblick zu Augenblick gestalten kann, wird unser Leben Frucht bringen. Auch die Liebe gehört dazu (Galater 5, 22). Nur so wird unser Regal nicht leer sein.

Jesus Christus ist alles in allem. Ist er das wirklich? Er will nicht nur die Nummer eins sein. Ich halte eine Verkündigung für unbiblisch, die betont, daß Jesus Christus den ersten Platz in unserem Leben beansprucht. Ranglisten werden dieser Wahrheit nicht gerecht. „Alles in allem" ist viel mehr. Was ich auch denke, was ich auch sage oder tue, alles soll in Christus sein. Selbst meine fromme Anstrengung soll ihm gehören. Dieser Punkt ist mir so wichtig und nahm in meiner damaligen Phase einen so großen Platz ein, daß ich im nächsten Kapitel noch einmal besonders darüber sprechen möchte.

Persönliche Fragen

1. Ist mir bewußt, daß ein Christ Christus gehört? Woran zeigt sich das (bzw. zeigt es sich nicht) in meinem praktischen Leben?
2. Welche spezifisch christlichen Aufgaben habe ich übernommen, und was sind meine eigentlichen Beweggründe dafür?
3. Jesus ist alles in allem — was muß sich bei mir ändern, damit dieser Satz in meinem Leben zutrifft?

Bibeltext: 2. Korinther 5, 15

Unsere Kraft wächst aus der Stille,
aus der Stille vor Gott.
Der Sturm in uns vergeht,
die Wellen ebnen sich.
Wir werden ruhig vor Gott.

Wir hetzen durch das Leben
und finden keine Zeit.
Wir wollen das Beste geben
und bringen es doch nicht weit.

Wann werden wir endlich sehen,
daß nicht nur Arbeit zählt?
Wann werden wir verstehen,
daß uns die Ruhe fehlt?

Die Tage gehn vorüber,
die Jahre gehn dahin.
Sie kehren niemals wieder.
Wir fragen nach dem Sinn.

Was ist der Sinn der Eile,
der Hetze durch die Zeit?
Wir finden keine Ruhe,
nur Hast und Müdigkeit.

Unsere Kraft wächst aus der Stille,
aus der Stille vor Gott.
Wir hören, was er sagt,
erkennen unseren Weg
und finden Kraft, ihn zu gehn.

4. Tag

Die Hände im Schoß

Einige Tage war ich nun schon an der Küste. Ich genoß das sonnige, wenn auch kalte Winterwetter. Jeden Tag ging ich viele Kilometer durch die Dünen. Alte Lieder fielen mir ein, die ich unterwegs sang. Auch neue Lieder entstanden. Ich fühlte, wie ich zur Ruhe kam und es lernte abzuschalten, ohne zu verdrängen. Aber eines Morgens wachte ich gegen 5.00 Uhr auf. Ich war wieder von alten Sorgen umgeben. Ich machte mir bewußt, wieviel ich an den vergangenen Tagen mit Jesus erlebt hatte. Aber das half mir nicht. Im Gegenteil, ich zweifelte daran, daß dadurch mein normales Leben anders würde. War das hier nicht eine außergewöhnliche Erfahrung in einer außergewöhnlichen Umgebung? Würde sie zu Hause nicht wieder sehr schnell von meinem alltäglichen Leben verdrängt werden?

Ich hatte mir vorgenommen, wenn ich nicht schlafen konnte, in der Bibel zu lesen. Also schlug ich sie auf und geriet dabei an das Matthäusevangelium. Dabei sprang mir die Stelle in Kapitel 15, 28 in die Augen. Dort lobt Jesus den großen Glauben einer Frau und sagt zu ihr: *Dir geschehe, wie du willst.* In der angegebenen Parallelstelle Matthäus 8, 13 las ich: *Dir geschehe, wie du geglaubt hast.* Dieser Satz hatte mich schon auf einem Strandspaziergang beschäftigt. Hellhörig geworden, begann ich nun das Matthäusevangelium von Kapitel 1 an zu lesen. Bei dem alttestamentlichen Zitat in V. 23 schlug ich die Originalstelle Jesaja 7, 14 auf. Um auch diesen Vers im Zusammenhang des ganzen Abschnitts zu sehen, begann ich mit V. 1. Als ich dann zu V. 9 kam, war ich wieder beim Thema „Glaube“: *Glaubt ihr nicht, so bleibt ihr nicht.* Traf das nicht meine augenblickliche Situation? Ich machte mir sorgenvolle Gedanken im Blick auf die Zukunft. Und Gott sagte zu mir: „Glaubst du nicht, so bleibst du nicht.“

Damit es nun kein Mißverständnis gibt, muß ich betonen, daß ich nicht zu den Leuten gehöre, die mit der Messerspitze die Bibel aufschlagen, um ein Wort für ihre Lage zu finden. Gerade deshalb bemühte ich mich ja, den jeweiligen Textzusammenhang zu erfassen. Aber mit dem Thema „Glaube“ war es eigentümlich. Die Wanderung durch die Bibel endete nicht im siebten Kapitel des Propheten Jesaja, sondern ging weiter zur nächsten Parallelstelle in 2. Chronik 20, 20. Dort begegnete mir nun eine gefährliche Situation. Die Moabiter, Ammoniter und Meuniter rückten vor, um gegen Juda zu kämpfen. Boten kündigten dem König Josafat die großen feindlichen Truppenbewegungen an. Seine Reaktion: Er hatte Angst. Wie gut verstand ich ihn! Meine feindlichen Truppen waren anderer Art. Aber die Furcht war die gleiche. Was unternahm Josafat? Er betete: *Herr, du Gott unserer Väter, bist du nicht Gott im Himmel und Herrscher über alle Königreiche der Heiden? Und in deiner Hand ist Kraft und Macht, und es ist niemand, der dir zu widerstehen vermag* (V. 6). *In uns ist keine Kraft gegen dies große Heer, das uns angreift. Wir wissen nicht, was wir tun sollen, sondern unsere Augen sehen auf dich* (V. 12).

Der biblische Berichterstatter schreibt dann, daß der Geist des Herrn in die Gemeinde kam und durch Jahasiel, einen Leviten, sagen ließ: *Ihr sollt euch nicht fürchten und nicht verzagen vor diesem großen Heer; denn nicht ihr kämpft, sondern Gott* (V. 15). Das alles gipfelt dann in V. 20: *Glaubet an den Herrn, euren Gott, so werdet ihr sicher sein.* In diesem Abschnitt lernte ich also, was Glaube ist. Auf die Kurzformel von V. 15 gebracht, hieß das: Nicht ich kämpfe, sondern Gott. Wenn ich dieser Tatsache vertraue oder genauer, wenn ich mich diesem kämpfenden Gott anvertraue, glaube ich. Glaube ist also nicht Leistung, sondern vertrauensvolles Ruhen in Gott.

Glaube rechnet zunächst einmal mit der unbegrenzten Macht Gottes. Der Hebräerbrief definiert Glaube als *ein Nichtzweifeln an dem, was man nicht sieht* (Hebräer 11, 1). Da kommen zwei Blinde zu Jesus. Sie rufen: „Sohn Davids, erbarm dich über uns!" Jesus fragt sie: „Glaubt ihr, daß ich das tun kann?" Und sie antworten: „Ja, Herr." Da berührt er ihre Augen und sagt: *„Euch geschehe nach eurem Glauben"* (Matthäus 9, 29). Jeder, der die Evangelien kennt, weiß, daß das nicht die Ausnahme ist. Der Glaube ist der Schlüssel zum heilenden Handeln Jesu.

Aber was heißt das nun für uns? Setzt der Glaube unser Handeln voraus? Im Gegenteil! Eigenmächtiges Handeln ist der Todfeind des Glaubens. Deshalb steht über diesem Kapitel: Lege deine Hände in den Schoß! Dabei liegt die Betonung auf „deine". Wir sind so sehr auf *unser* Handeln fixiert, daß wir auch im Bereich des Glaubens meinen, darauf komme es an. Doch das stimmt nicht. Ob wir es wahrhaben wollen oder nicht: Nur das Handeln Gottes ist entscheidend, und sein Handeln richtet sich nach unserem Glauben. Manche Menschen erleben deshalb nichts von der Kraft Gottes, weil sie mit ihren scheinbar guten Taten das Handeln Gottes blockieren.

Ich will es noch einmal deutlich sagen: Nicht nur die bösen Taten sind Sünde, sondern auch gute Taten, die nicht aus dem Glauben geboren werden. Gott verbrüdert sich nicht mit

unseren guten Werken. Alle Gebete um die Hilfe Gottes sollten sehr genau besehen werden. Wenn wir selbst die Aktivisten sind, die ab und zu von Gott Hilfe erwarten, wenn unsere Kraft nicht ausreicht, wird Gott seine Hilfe verweigern. Denn damit machen wir ihn zum Lieferanten und bleiben selbst in der Chefposition.

Es dauerte lange, bis ich das einsah. Oft ertappte ich mich wieder bei dem Gedanken: „Peter, du bist der Macher. Aber Gott wird dir schon unter die Arme greifen." Wie falsch war dieses Denken! Deshalb mußte mir Jesus meine Ohnmacht zeigen. Das Bewußtsein meiner eigenen Ohnmacht war die entscheidende Voraussetzung für die Entfaltung seiner Macht ... *denn ohne mich könnt ihr nichts tun* (Johannes 15, 5), sagte Jesus seinen Jüngern. Paulus machte die Erfahrung: *Alles vermag ich durch den, der mich stark macht* (Philipper 4, 13). Sicher, ich kannte diese Bibelverse. Aber in der Grenzsituation lernte ich, sie zu leben. Für die willensstarken Hände der eigenen Tat- und Schaffenskraft gibt es im Reich Gottes nichts zu tun. Das Sprichwort „Selbst ist der Mann" schlägt der Wahrheit des Glaubens ins Gesicht. Deshalb laßt uns *unsere* Hände in den Schoß legen, so anrüchig das auch klingt. Christen haben keine Hände mehr, auch keine Füße, Augen und was es sonst noch gibt. Christen gehören Christus, und er ist alles in allem.

Nach meiner Erfahrung ist dies die wirkungsvollste Entspannung, die es gibt. Auch an jenem Morgen begann ich ruhig zu werden bei dem Gedanken, daß nicht ich für meine Zukunft verantwortlich sei, sondern Christus. Ich habe mein Leben nicht mit seiner Hilfe zu meistern, sondern er meistert es, wenn ich ihm vertraue und in ihm bleibe. Das ist Glaube. Wem das noch zu theoretisch klingt, der lese das nächste Kapitel.

Persönliche Fragen

1. Wenn ich 2. Chronik 20 auf meine Lebenssituation übertrage — vor welchem großen feindlichen Heer (V. 12) fürchte ich mich?
2. Traue ich Gott tatsächlich zu, daß er mit dem großen feindlichen Heer, das mein Leben bedroht (V. 15-20), fertig wird? Woran zeigt sich mein Vertrauen/Mißtrauen?
3. Welche praktischen Schritte sollte ich gehen, damit mein Vertrauen zu Gott wachsen kann?

Bibeltext: 2. Chronik 20, 1-20

5. Tag

Aktive Passivität

Es war wie bei einem Seminar, nur viel eindringlicher. Ich war der einzige Schüler. Meinen Lehrer bekam ich niemals zu Gesicht. Was er mich lehrte, war nicht neu, aber es traf mein Herz. Begonnen hatte es mit der Bitte um geöffnete Augen für die geistliche Wirklichkeit. Mit der Zeit wurde diese Bitte konkreter. Sie ließ sich in drei Bitten gliedern, die ich Gott auf meinen Spaziergängen immer und immer wieder vortrug. Ich bat um einen inneren Blick für Jesus und um mehr Liebe zu ihm. Ich bat zweitens um eine größere Empfindsamkeit für das Reden des Heiligen Geistes. Und drittens wünschte ich mir, daß mein Leben Wirkungen der Kraft Gottes aufweist und zu einem Segen für andere wird.

Währenddessen lehrte Gott mich Schritt für Schritt, worauf es ihm in meinem Leben ankommt. Ich sollte ihm wirklich gehören. Er wollte alles in allem sein. Und bei alldem sollte ich mich nicht mühsam abstrampeln, sondern seinem Handeln vertrauen. Klar, daß mir dabei die Bedenken kamen, die auch anderen beim Lesen dieses Buches kommen werden: Ist diese Passivität richtig? Sollten Christen nicht viel aktiver werden? Hat Jesus seine Leute nicht geradezu in Bewegung gesetzt? Sagte er nicht: Handelt, bis daß ich wiederkomme (Lukas 19, 13)? So paradox es klingt, ich plädiere gar nicht für die Passivität der christlichen Gemeinde. Aber es gibt so viel tödlichen Aktivismus der Christen. Solange wir damit nicht aufhören, können wir nicht wirklich für Gott aktiv werden.

Um das zu verstehen, müssen wir uns noch einmal sorgfältig bewußt machen, was die Existenz eines Christen ausmacht. Ein Christ ist nicht dadurch Christ, daß er ein christliches Programm akzeptiert und befolgt. Christ ist er, weil er mit Christus gestorben und auferweckt worden ist. Vor fast 2000 Jahren hing ein Mann an einem Kreuz in Palästina, der dort für die Schuld der ganzen Welt starb. Paulus schreibt: *Gott versöhnte in Christus die Welt mit sich selber* (2. Korinther 5, 19). Für uns Menschen war der Graben der Sünde unüberbrückbar. Wer den versöhnenden Tod von Jesus Christus für sich persönlich in Anspruch nimmt, gehört zur Familie Gottes. Er ist eine neue Schöpfung und damit Kind Gottes (2. Korinther 5, 17).

Was das genau heißt, schreibt Paulus im 6. Kapitel des Römerbriefes: Unser alter Mensch ist mit Christus gekreuzigt, gestorben und begraben (V. 6). Ebenso haben wir durch seine Auferweckung eine neue Existenz gewonnen, über die der Tod keine Macht mehr besitzt (vgl. V. 9f; Johannes 11, 25f). Unter dem 3. Tag in diesem Buch habe ich bereits gesagt, was das für Konsequenzen hat. Wir gehören nicht mehr uns selbst, wir gehören Christus. Er ist unser Eigentümer.

Wir haben uns schon bewußt gemacht, daß dies viel mehr bedeutet, als weithin angenommen wird. Jesus Christus ist nicht der Chef, der am Abend kommt, um zu kontrollieren, was seine Angestellten während des Tages geleistet haben. Durch seinen Geist wohnt er in uns und gibt uns seine Kraft. Da wir auf Grund seiner Auferstehung geistliches Leben haben, ist es auch seine Lebenskraft, die in uns wirkt. In Römer 6, 5 heißt es: *Wenn wir mit dem Abbild seines Todes zusammengewachsen sind* . . . Wörtlich steht da: . . . *eingepropft in seinen Tod.* Wir sind also in einer Weise mit Jesus

Christus verbunden, wie sie enger nicht sein könnte. Das meint das Neue Testament, wenn es schreibt, daß Christen in Christus sind. Nur auf dieser Basis können und sollen wir aktiv werden.

Aber leider mühen sich so viele Christen mit ihren Aktivitäten neben dieser Basis ab. Sie haben eindeutig mit Christus begonnen, aber sie verwirklichen ihr Christsein nicht in ihm. Ich denke, es war Watchman Nee, der dies während einer Predigt seinen Hörern auf folgende Weise veranschaulicht hat. Er legte ein Manuskriptblatt in seine Bibel, schlug sie zu und sagte: „Alles, was jetzt mit dieser Bibel geschieht, geschieht auch mit dem Blatt darin. Wenn ich die Bibel hinlege, lege ich damit auch das Blatt hin. Wenn ich sie aufhebe, hebe ich auch das Blatt auf. Ich muß das Blatt also nicht extra bewegen. Es ist untrennbar mit der Bibel verbunden. Es gibt nur eine Voraussetzung: Das Blatt muß in der Bibel bleiben."

Als ich in der Stille über diesen Punkt nachdachte, fiel mir eine Stelle aus dem Kolosserbrief ein. Dort schreibt Paulus: *Wie ihr nun den Herrn Christus Jesus angenommen habt, so lebt auch in ihm* (Kolosser 2, 6). Noch deutlicher wird es in Galater 3, 3: *Mit Gottes Geist habt ihr angefangen, wollt ihr's denn nun durch eigene Kraft vollenden?* Sorgfältig ging ich in Gedanken meine Arbeitsbereiche durch.

Vielleicht warnst du mich jetzt vor einer extremen Position. Du sagst: „Warum soll ich nicht meine Gaben und Fähigkeiten einsetzen? Habe ich diese Möglichkeiten nicht von Gott? Entspricht es nicht meiner Verantwortung, sie zu gebrauchen?" Doch, aber *in Christus* zu gebrauchen. Wenn ich in Christus bin, ist meine Kraft nicht mehr meine Kraft, sondern seine. Dann gehört mein Denken nicht mehr mir, sondern ihm.

Wie das in der Praxis aussieht, fragst du? Ich werde dir

erzählen, was Jesus mir für mein persönliches Leben gezeigt hat. Wenn ich einen Tag beginne, gebe ich mich in seine Hand. Ich sage ihm: „Herr, du weißt, was heute auf mich zukommt. Du kennst die Korrespondenz, die ich heute zu erledigen habe. Lenke meine Gedanken dabei! Du kennst auch das Gespräch heute nachmittag. Nimm es in deine Hand! Gebrauche mich auch während der Predigt am Abend! Ich bitte dich, daß du mich heute ganz und gar übernimmst." Auch während des Tages mache ich mir hin und wieder bewußt, daß nicht *ich* es bin, der die Aufgaben mit der Hilfe Gottes bewältigt, sondern daß Jesus Christus es ist, dem ich gehöre und der mich gebraucht. Ich habe nämlich die Erfahrung gemacht, daß die morgendliche Stille mit Jesus sehr schnell zu einer geistlichen Insel werden kann, die mit dem übrigen Tagesprogramm wenig zu tun hat. Dabei geht es doch gerade um diese ganzheitliche Glaubenshaltung im normalen Tagesgeschehen.

Nach meiner Erfahrung handelt es sich bei dem, was ich bisher gesagt habe, um einen Wachstumsprozeß, der wohl erst in der neuen Welt Gottes ein Ende finden wird. Auch nach meiner Zeit in Holland habe ich die Sache nicht ein für allemal im Griff. Aber die geistliche Prägung ist eindeutig. Und die Aktionen, die auf dieser Basis entstehen, sind von anderer Art als das, was mich vorher nervös und mutlos gemacht hatte.

Francis Schaeffer gebraucht in diesem Zusammenhang den Begriff „aktive Passivität des Glaubens". Wir benötigen heute nichts so dringend wie eine solche Haltung, die vertrauensvoll in Gott ruht und sich ihm überläßt. Nach meiner Erfahrung ist dies keine Friedhofsruhe, sondern der Boden, auf dem Gott Frucht wachsen läßt. Menschen, die hierin verwurzelt sind, werden die beste Entfaltung ihrer Gaben und Möglichkeiten

erleben. Gott wird ihr Denken, Fühlen, Reden und Handeln zu seinem Werkzeug machen. Hier sitzt die Keimzelle allen geistlichen Lebens. Weil der Satan das weiß, versucht er auch, diesen Boden zu zerstören. Er treibt uns zu Aktionen an, die zwar viel Staub aufwirbeln können, aber letztlich keine Frucht bringen. Jesus ist unser Seelsorger. Er kennt diese Gefahr. Deshalb sagt er: *Bleibt in mir* (Johannes 15, 4)! Es gibt keinen anderen Weg, um geistliche Frucht wachsen zu lassen.

Weil diese Lektion Gottes bei mir so gründlich ausfiel, nehme ich mir auch hier soviel Zeit dafür. Und wer noch immer meint, ich übertreibe damit, sollte sich einmal fragen, was Jesus mit dem Bild vom Weinstock und den Reben eigentlich sagt. Der Rebzweig entfaltet keine Eigeninitiative. Er ist fest mit dem Weinstock verbunden und hat keine andere Aufgabe, als den Lebenssaft an die Trauben weiterzugeben. Damit ist er für die Frucht außerordentlich aktiv. Aber diese Aktivität ist nur möglich auf Grund seiner passiven Verbindung mit dem Weinstock. Auch hier begegnet uns diese aktive Passivität, von der Francis Schaeffer sprach. Glaubst du ernsthaft, daß Jesus ein Bild gebraucht, das den Kern der Sache nicht trifft? Ich jedenfalls möchte mir bei niemandem eher Rat holen als bei dem Herrn, der mein bester Lehrer ist und der mich während der Zeit in Holland besonders intensiv unterwiesen hat.

Persönliche Fragen

1. Was bedeutet es für mich, mit Christus gestorben zu sein und in einer neuen Existenz zu leben?
2. Aus welcher Kraftquelle lebe ich — aus meiner eigenen, mit Gottes Hilfe —, oder ist das Vertrauen in Gottes Macht (also der Glaube) die Grundlage und Ausgangsposition meines Handelns (vgl. Galater 3, 3)?
3. An welchen Stellen meines Lebens muß ich umdenken und in einem neuen Bewußtsein handeln?

Bibeltext: Kolosser 2, 6

Herr, ich bin schwach, doch du bist in mir mächtig.
G'rade weil ich schwach bin, treibst du die Furcht hinaus.
Herr, laß mich stark sein durch deine Gnade.
Deine Kraft, die breitet sich in meiner Schwachheit aus.

Du hast mich gewollt, und du hast mich geschaffen
mit Gaben und Grenzen, und doch fürchte ich mich.
Ich bin wie gelähmt. Ich wage nicht zu handeln.
Ich fürchte zu versagen, doch dann seh ich dich.

Ich bin nicht ich selbst, ich spiele meine Rolle
und lebe ein Leben, das nicht das meine ist.
Ich wär gerne frei und ließ die Maske fallen.
Ich will es endlich wagen, weil du bei mir bist.

Deine Gnade gilt, und doch kommen mir Zweifel.
Ich seh mein Versagen, ich sehe meine Schuld.
Es scheint ohne Sinn, mir meine Schuld zu nehmen.
Ich falle immer wieder. Hast du noch Geduld?

Ich will endlich sehn! Es ist nicht meine Schwäche,
es ist meine Stärke, die deine Kraft blockiert.
Denn du bist der Herr. Ich kann dir fest vertrauen,
und du wirst mich gebrauchen, weil dein Geist mich führt.

Herr, ich bin schwach, doch du bist in mir mächtig.
G'rade weil ich schwach bin, treibst du die Furcht hinaus.
Herr, laß mich stark sein durch deine Gnade.
Deine Kraft, die breitet sich in meiner Schwachheit aus.

(aus: Sag es allen in deiner Stadt Band 2

6. Tag

Feinde in uns

Ich möchte jetzt über zwei Todfeinde der Haltung des Glaubens sprechen. Sie begegneten mir in meinem persönlichen Leben, nachdem Jesus mir die Lektion der ruhenden Bewegung in ihm erteilt hatte.

Der erste Feind war mein eigener *Unglaube*. Ich werde das an einem Bericht aus den Evangelien veranschaulichen.

Du kennst doch Petrus. Vielleicht weißt du auch, daß er im Sturm auf dem See Genesaret Jesus begegnete. Dabei war er nicht allein. Auch die anderen Jünger waren im Boot. Plötzlich erkannten sie die Gestalt ihres Meisters. Auf den Wellen stand er im Sturm in der Nacht. Das war kaum zu fassen. Auch die Jünger faßten es zunächst nicht. Aber er sprach sie an: „Seid ohne Angst, ich bin es“ (Markus 6, 50). Da begriffen sie: Es ist der Herr. So weit, so gut. Doch Petrus wollte mehr: „Herr, wenn du es tatsächlich bist, dann sag, daß ich zu dir kommen soll.“ Darauf antwortete Jesus: „Komm her!“ Jetzt war Petrus an der Reihe. War er wieder einmal übereifrig? Versetz dich nur einen Augenblick in seine Situation! Daß Jesus eine außergewöhnliche Macht besaß, war eindeutig. Das glaubten alle Jünger im Boot. Aber nun sollte Petrus auf Grund dieser Macht über das Wasser zu Jesus gehen. Das war menschlich gesehen aussichtslos. Es ließ sich, wenn überhaupt, nur auf der Ebene des Glaubens verwirklichen.

Merkst du was? Hier begegnet uns die größte Möglichkeit, aber auch das größte Hindernis für Christen, die ihren Glauben im Alltag verwirklichen wollen. Daß Jesus Christus der starke Herr ist, der alle Gewalt und Macht hat, wird bei den meisten von uns unwidersprochen akzeptiert. Aber viele Christen bleiben trotz allem lieber in ihren Booten und verlassen sich auf ihre eigene Kraft. Wer stark ist, schafft viel. Wer schwach ist, schafft wenig. Und manch einer macht vielleicht schlapp. Aber nun steht Jesus da und sagt: „Komm her! Verlaß das Boot deiner eigenen Berechnungen und Sicherheiten (die doch so unsicher sind)! Gib deinen Körper, gib deine ganze Existenz in meine Hand!“

Genau das passierte bei Petrus. Und genau das passiert bei uns, wenn wir unsere Hände zu seinen Händen machen. Dann sind wir nicht mehr die Macher. Dann hängen erfolgreiche missionarische Aktionen nicht mehr von den besten Rhetorikern und Bands ab. Dann entscheidet sich missionarischer Gemeindeaufbau nicht mehr an unseren klugen Strategien.

Ich weiß, diese einseitige Formulierung ist mißverständlich. Ich weiß auch, daß die beste Predigt, die stärkste Musik und die klügste Strategie gerade gut genug für das Reich Gottes sind. Aber das alles darf nicht zur Basis werden. Wer sich auf das Wasser des Glaubens wagt, handelt nach anderen Kriterien.

Aber wagen wir uns aufs Wasser? Moment! Bitte denke nach, bevor du antwortest! Laß uns den Vater im Himmel bitten, unsere versteckten Handlungsebenen wirklich offenzulegen. Das Schlimmste, was uns passieren kann, ist ein Christsein, das zur toten Begrifflichkeit erstarrt ist. Theoretisch ist dann alles richtig, aber es lebt nicht. Entscheidend ist nicht, daß wir sagen: „Jesus ist der allmächtige Herr“, sondern daß wir dementsprechend handeln. Aber dazu gehört eben, daß ich das Boot meiner menschlichen Sicherheiten verlasse und mich auf das Wasser des Glaubens wage.

Ich möchte dir einen schlimmen Verdacht mitteilen. Ich vermute, daß es christliche Gemeinden und Kreise gibt, die auch dann unverändert weiterexistieren würden, wenn Jesus Christus nicht lebte. Bei ihnen würde sich überhaupt nichts ändern. Weshalb? Weil sie zwar mit einer frommen Begrifflichkeit arbeiten, aber in ihrer Handlungsweise durchaus nach allgemein menschlichen Gesichtspunkten vorgehen. Auf diese Weise wird „christliche" Gemeinde zu einem etablierten Verein, in dem sich Menschen mit gleichen Interessen zusammenfinden. Ich vermute, daß die Gemeinde in Sardes nach diesen Prinzipien funktionierte. Man sagte von ihr, sie lebe, aber sie war tot (Offenbarung 3, 1). Und da eine Gemeinde sich immer aus einzelnen Menschen zusammensetzt, gibt es diese Gefahr auch für den einzelnen Christen. Petrus wagte sich aufs Wasser. Dort machte er zwar nicht die beste Figur. Er sah auf die Wellen und begann zu sinken. Aber Jesus ergriff ihn und hielt ihn fest. Dieses sich an Jesus klammernde Vertrauen ist die unbedingte Voraussetzung eines wirklichen Christseins.

Der zweite Feind, der mir in diesem Bereich begegnete, war mein eigenes *Ich.* Auch das will ich erklären. Wenn Jesus *alles* in meinem Leben ist, berührt das natürlich den Kern meiner menschlichen Existenz. Dann habe ich keine eigene Leistung mehr vorzuweisen. Alles, was ich leiste, leiste ich ja durch ihn. Von wem beziehe ich aber dann meine Streicheleinheiten? Wer lobt mich? Haben wir nicht gelernt, daß jeder Mensch auf Ehre und Anerkennung angewiesen ist?

Zunächst muß ich sagen, daß mich dieser Punkt besonders hart traf. Ich gehöre zu denen, die ständig versucht sind, sich mit anderen Menschen zu vergleichen. Dabei fallen mir dann viele gute Eigenschaften auf, die andere haben und die ich nicht besitze. Das macht mich dann sehr unzufrieden. Ehrsucht ist häßlich, und ich weiß ein Lied davon zu singen. Am schlimmsten ist es, wenn solche Häßlichkeiten noch fromm getarnt werden. Da wir wissen, was in christlichen Kreisen gut ankommt, können wir natürlich auch die entsprechenden Eigenschaften ins Schaufenster stellen. Paradoxerweise gehören oft Demut und Bescheidenheit dazu. Ich muß mich nicht damit aufhalten zu erklären, daß so etwas Heuchelei und Sünde ist und somit dem Leben auf der Ebene des Glaubens widerspricht.

Schwerwiegender scheint mir die Frage zu sein, wie wir unseren Wünschen und Sehnsüchten nach Ehre und Anerkennung gerecht werden können, wenn alles bei uns „in Christus" zu geschehen hat. Ich möchte eindringlich warnen vor einer scheinfrommen und damit falschen Beantwortung dieser Frage. Ich halte nichts von der Meinung mancher Christen, die uns weismachen wollen, daß der Mensch *nichts* sei und daß Gott kein anderes Ziel habe, als die menschliche Persönlichkeit zu zerschlagen. Denk nur daran, wie Gott mit seinem Volk spricht, wenn er sagt: *Fürchte dich nicht ... ich habe dich bei deinem Namen gerufen; du bist mein* ... (Jesaja 43, 1). Der Mensch wurde zum Bild Gottes geschaffen. Das heißt: Er ist Gottes Gegenüber, eine Persönlichkeit, die Gott liebhat und mit der er Gemeinschaft haben will (1. Mose 1, 27). Für diesen Menschen hat Gott sogar seinen Sohn hingegeben. Nein, er zerstört die menschliche Persönlichkeit nicht! Im Gegenteil, er erschafft sie durch seinen Sohn neu.

Die Ichsucht des Menschen ist Gottes Feind. Und weil sie sein Feind ist, ist sie auch unser Feind. Bis in den weltpolitischen Bereich hinein bringt sie nur Streit und Krieg hervor. Die

Bibel spricht dabei von „Fleisch“, das sich gegen Gott und sein Wort richtet. Ihm müssen wir den Kampf ansagen, und das kann nur in der Kraft des Heiligen Geistes geschehen (Galater 5, 16ff).

Dagegen ist der Wunsch nach Anerkennung ein durchaus legitimer Wunsch, den wir nicht einfach verdrängen können und dürfen. Während meiner Krankheit bekam ich sehr viel Post von Menschen, die an mich dachten und für mich beteten. Oft habe ich überlegt, daß alles, was ich während meines Holland-Aufenthalts mit Gott erlebte, eine Frucht dieser Gebete war. Viele sandten ihren Gruß in Verbindung mit einem Bibelwort. Diese Worte begegneten mir dann oft als Hinweise und Zusagen Gottes für mein persönliches Leben. Manche der Bibelstellen waren den Psalmen entnommen. In diesem Zusammenhang stieß ich auf einen Satz aus Psalm 3. Dort ist David von vielen Feinden umgeben und sucht Trost bei Gott. In V. 4 sagt er dann: *Du bist meine Ehre.*

Diese vier Wörter trafen mich. Gerade während meines wochenlangen Krankseins hatte ich mit meiner Ehre besondere Probleme. Ich fragte mich ständig, wie wohl andere auf meine Krankheit reagierten. Was würden sie sagen? Was würden sie vor allem denken? Freunde erzählten mir, was sie gehört hatten. Danach wunderte ich mich selbst, daß ich noch lebte. Furchtbare Krankheitsgeschichten waren im Umlauf. Aber weitaus schlimmer waren für mich die Geschichten, die ich nicht erfuhr. Sie liefen in meinen Gedanken ab. Dort malte ich mir aus, was man über mich dachte. Meiner Ehrsucht wurde dadurch übel mitgespielt. Und nun sagte David zu Gott: *Du bist meine Ehre!* Dieses Wort war wie Balsam auf meiner Seele. Hier wurde nichts verdrängt. Die Ehre bekam dort ihren Platz und ihre Erfüllung, wo sie hingehörte. Gott war mein Vater und ich sein Kind. Er hatte mich so lieb, daß es mein Vorstellungsvermögen sprengte. War das nicht der Ehre genug?

Wenn wir unsere Ehre und Anerkennung bei Gott haben, wirkt sie sich nicht zerstörerisch auf unseren Glauben aus. Dann wird die Sehnsucht danach auch nicht mehr verdrängt. Größere Ehre, als von Gott geliebt zu sein, gibt es ja nicht. Ich denke dabei an ein Mädchen, das mir sagte: „Mein Lehrer will mich nicht. Meine Klassenkameraden wollen mich nicht. Selbst meine Eltern lehnen mich ab.“ Es ist keine Frage, daß eine solche Situation nur schwer zu ertragen ist. Auch Christen sind auf die Liebe von Menschen angewiesen. Und doch finden wir die tiefste Erfüllung unserer Sehnsucht nach Liebe und Anerkennung nur bei dem, der uns geschaffen hat, bei dem lebendigen Gott.

Zwei Todfeinde des Glaubens begegneten mir also: der Unglaube und die Ichsucht. Aber beiden konnte ich wiederum auf der Ebene des Glaubens begegnen. Das, was sie angriffen, konnte sie gleichzeitig überwinden. Wenn ich nicht selbst gegen sie kämpfte, sondern ihnen in der Haltung des Glaubens begegnete, waren sie schon überwunden. Nachdem Jesus mir diese grundlegenden Dinge über die geistliche Existenz bewußt gemacht hatte, begann er mit der persönlichen Seelsorge an mir. Er machte mich auf die Schadstellen meines Lebens aufmerksam, über die ich im nächsten Kapitel sprechen möchte.

Persönliche Fragen

1. Welche Situationen fallen mir ein, in denen ich es gewagt habe, Gott zu vertrauen?
2. In welchen Situationen habe ich es nicht gewagt, Gott zu vertrauen? Weshalb nicht?
3. Wieweit mache ich mich in meinem Verhalten von der Anerkennung durch andere Menschen abhängig? Wo wird das besonders deutlich?
4. Was muß sich bei mir ändern, damit ich Gott ehrlich sagen kann: *Du bist meine Ehre* (Psalm 3, 4)?

Bibeltext: Markus 6, 50; Psalm 3, 4

Herr, so oft hab ich dich gebeten:
Nimm mich an, mein Herr, dir will ich gehören.
Doch ich lebe für mich.

Herr, so oft hab ich dir gesagt:
Meine Liebe, Herr, sie soll dir gehören.
Doch ich liebe nur mich.

Herr, so oft hab ich dich gebeten,
meine Schuld zu nehmen, um in dir zu bleiben.
Doch ich ließ dich los.

Herr, so oft hab ich angefangen,
deine Kraft zu spüren und dich zu erfahren.
Doch was blieb zurück?

Herr, so oft hast du mir gesagt:
Meine Gnade siegt über deine Schuld.
Herr, du liebst mich noch.

Herr, so oft hast du mir gesagt:
Meine Kraft ist da, und sie hält dich fest,
wenn du mir vertraust.

Herr, laß mich jetzt in deiner Kraft
mutig weitergehn, deinem Wort vertraun
und auf dich nur sehn.

(aus: Sag es allen in deiner Stadt Band 1

7. Tag

Helle Fenster

Während der Zeit in Holland kam ich kaum mit Menschen zusammen. Beim Frühstück traf ich zwar einige Personen — ich unterhielt mich einmal mit einer Frau über einen indischen Guru, von dessen Weisheit sie überzeugt war; an einem Sonntag vormittag besuchte ich den Gottesdienst in der Kirche —, aber im übrigen war ich allein. Ich verpflegte mich bis auf das Frühstück selbst. Gerade diese Stille hatte ich ja gesucht.

Wer im Winter an die Küste fährt, wählt damit die richtige Zeit am richtigen Ort. Die weiten Wanderungen durch die einsame Umgebung waren genau das Richtige für mich. Nach dem Frühstück machte ich mich jeweils auf den Weg. Im Laufe der Tage hatte sich dabei eine bestimmte Strecke ergeben, die ich fast täglich ging. Ich wanderte einige Kilometer den Strand entlang und machte anschließend einen weiten Rundgang durch die Dünen. Dabei nahm ich das schon erwähnte Notizbuch mit, in dem ich mir Bibelstellen notiert hatte. Hinzu kam ein kleines Heft mit Aussprüchen von Hudson Taylor. Die Bibelverse, die mir während dieser Zeit wichtig wurden, lernte ich unterwegs auswendig. Es war eine eigentümliche Erfahrung, wie oft ganz plötzlich und unbeabsichtigt Bibelstellen in mein Bewußtsein drangen, die mich unmittelbar ansprachen.

Eines Morgens, ich war gerade wach geworden, erlebte ich so etwas mit einem Abschnitt aus dem 11. Kapitel des

Lukasevangeliums. Weil dieser ganze Abschnitt mich persönlich traf, will ich ihn auch ganz zitieren. Es geht dabei um V. 33-36. Dort sagt Jesus:

Niemand zündet ein Licht an und setzt es in einen Winkel, auch nicht unter einen Scheffel, sondern auf den Leuchter, damit alle, die eintreten, das Licht sehen. Dein Auge ist das Licht des Leibes. Wenn nun dein Auge klar ist, so ist dein ganzer Leib licht; wenn es aber trübe ist, so ist auch dein Leib finster. So achte darauf, daß das Licht in dir nicht Finsternis ist. Wenn nun dein Leib ganz licht ist und nichts in ihm finster ist, dann wird er ganz licht sein, wie wenn dich das Licht mit hellem Strahl erleuchtet.

Offen gesagt konnte ich zunächst wenig damit anfangen. Ich stand auf, zog mich an und ging zum Frühstück. Anschließend schrieb ich den Bibelabschnitt in mein Notizbuch und machte mich auf den Weg. Unterwegs ging ich dann den Text Satz für Satz durch und sprach mit Jesus darüber. Dabei passierte etwas Eigenartiges.

Zunächst wurde mir die Bedeutung des Lichtes bewußt. Zur Zeit Jesu war das Licht ja viel spärlicher und damit kostbarer als bei uns. Wenn wir heute durch unsere hell erleuchteten Städte gehen, begreifen wir kaum, was es damals bedeutete, ein Licht zu besitzen. Deshalb wurde es auch möglichst gut genutzt. Man stellte es nicht zur Zierde in irgendeine Zimmerecke, sondern in die Mitte des Raumes. So konnte es vielen im Haus leuchten. Es wurde von allen, die den Wohnraum betraten, gesehen.

Soweit war mir dieses Bildwort Jesu verständlich. Plötzlich fielen mir noch andere Bibelverse vom Licht ein. Ich dachte daran, daß Jesus gesagt hat: *Ich bin das Licht der Welt, wer mir nachfolgt, der wird nicht in der Finsternis bleiben, sondern wird das Licht des Lebens haben* (Johannes 8, 12).

Mir fiel auch die Bergpredigt ein, in der Jesus seinen Jüngern zusagt: *Ihr seid das Licht der Welt. Es kann die Stadt, die auf einem Berge liegt, nicht verborgen bleiben* (Matthäus 5, 14).

Anschließend versuchte ich Worte und Begriffe festzuhalten, die sich bei mir mit dem Licht verbanden: Reinheit, Orientierung, Wärme, Offenheit usw. Als ich über das Gegenstück, also über die Dunkelheit, nachdachte, kamen mir Begriffe wie Kälte, Hoffnungslosigkeit und Orientierungslosigkeit in den Sinn. Ich faßte zusammen: Christen sollen also Licht sein. Konkreter: Ich soll Licht sein. Die Menschen sollen in meinem Leben Reinheit, Wärme, Orientierung usw. entdecken können, und zwar möglichst viele Menschen. Das Licht soll ja in der Mitte des Raumes seinen Platz haben, damit es viele sehen.

Während ich weiterging, legte sich dieses Soll wie eine Last auf meine Seele. Darunter litt ich ja gerade, immer Orientierungspunkt für andere sein zu müssen. Ich dachte an Mitarbeiter, die nicht wußten, wie sie diesem Anspruch gerecht werden sollten.

Aber dann las ich weiter und stellte fest, daß das Bild plötzlich wechselte. Ab V. 34 war vom Auge die Rede und nicht mehr vom Licht auf dem Leuchter. Und als ich genauer hinsah, entdeckte ich, daß das Auge nun die Funktion des Lichtes übernahm. Etwas hilflos dachte ich weiter darüber nach. Ich spürte inzwischen, daß es ein Schlüsselwort für meine Situation war.

Unterdessen hatte ich meinen Dünenweg erreicht und war wieder einmal fasziniert von der großartigen Umgebung. Ich war umgeben von hohen Gräsern und Kiefernwäldern. Mal führte der Weg über Höhen, von denen man bis aufs Meer sah, dann wieder durch sanfte Dünentäler, in denen man keinen Laut hörte. Alles war in ein strahlendes und klares Licht getaucht. Während ich das in mich aufnahm, kam mir wieder das Licht meines Bibeltextes in den Sinn. Und wieder empfand ich den Druck, den der Anspruch des Textes bei mir ausgelöst hatte. Aber was bedeutete das, wenn Jesus sagt: *Dein Auge ist das Licht des Leibes?* Das Auge muß ja kein Licht erzeugen. Es steht nicht unter dem Soll. Es empfängt das Licht und gibt es weiter. Das Sehen und innere Aufnehmen der hellen und klaren Landschaft um mich herum war ein eindrückliches Zeichen dafür.

Jesus spricht in diesem Text von den verborgenen Augen unseres Herzens und unserer Persönlichkeit. Folglich müssen also auch sie kein Licht erzeugen, sondern nur Gottes Licht aufnehmen und weitergeben. Wenn diese Augen klar sind, ist auch unser Leben klar, und das Licht flutet hell herein. Das verstand ich. Aber woran lag es dann, daß in mir soviel Dunkelheit und Niedergeschlagenheit waren? An dem Licht Gottes konnte es nicht liegen. So strahlend und wirklich wie das Sonnenlicht um mich herum war ich auch von dem Licht Gottes umgeben. Das wußte ich.

Der Bibeltext kannte nur eine mögliche Fehlerquelle: das Auge. Nach der Aussage Jesu konnte das Auge klar und durchsichtig, aber auch schmutzig und trübe sein. Wenn es trübe ist, wird auch der ganze Leib dunkel und finster sein, sagt Jesus. Das Licht kann nicht eindringen. Ich setzte mich auf eine Bank und betete. Ich hatte in diesem Augenblick nur einen Wunsch: Ich wollte ein helles und klares Leben, das vom Licht Gottes durchflutet wird. Deshalb bat ich Jesus, mir die trüben Stellen meiner inneren Augen zu zeigen. Und er erhörte das Gebet. Mir fielen Sünden ein, die ich längst vergessen hatte. Ich bekannte sie Jesus und dankte ihm für seine Vergebung. Ich nahm seine Zusage aus dem 1. Johannesbrief in Anspruch: *Wenn wir aber unsre Sünden bekennen, ist er treu und gerecht und vergibt uns die Sünden und macht uns rein von aller Ungerechtigkeit* (1. Johannes 1, 9). Es ist wunderbar, daß wir in solchen Situationen nicht auf unsere Gefühle angewiesen sind, sondern das eindeutige Versprechen Gottes haben. Die Vergebung Gottes ist keine vage und unsichere Sache. Sein Sohn Jesus hat für unsere Schuld bezahlt. Sein Blut reinigt uns von jeder Sünde (1. Johannes 1, 7). Darauf können wir uns unbedingt verlassen.

Aber es gibt Empfindungen, die liegen tiefer als unsere Gefühle. Da spüren wir in der Tiefe unsres Herzens, daß etwas nicht in Ordnung ist. Dieses Empfinden hatte ich an jenem Vormittag. Eigentlich hätte ich glücklich aufspringen müssen, denn das Licht Gottes konnte doch nun ungehindert in mich eindringen. Das Auge war ja nun gereinigt und klar. Aber das passierte nicht. Ich war enttäuscht. Ich sagte mir selbst, was ich in Predigten schon vielen Menschen gesagt hatte: „Achte nicht auf deine Gefühle! Nimm die Vergebung im Glauben an!“ Aber ich kam damit nicht weiter. Nun sprach ich mit Jesus darüber und sagte: „Herr, wenn da noch irgendeine unvergebene Schuld ist, die mein Auge verdunkelt, dann zeig sie mir.“

In diesem Augenblick fiel mir ein Erlebnis auf einer Autofahrt ein. Es lag Monate zurück. Damals hatte ich meinen Beifahrer belogen. Er hatte mir eine harmlose Frage gestellt, aber schon stand die Lüge zwischen uns. Als mir das nun bewußt wurde, tat ich das, was ich mit den anderen Sünden auch getan hatte: Ich bekannte sie Jesus.

Dabei fiel mir aber ein, daß es nicht das erste Mal war, daß ich um Vergebung für diese Lüge bat. Sie war schon einige Male wieder in meinem Bewußtsein aufgetaucht, und jedesmal hatte ich Jesus um Vergebung gebeten. Auch jetzt wich der innere Druck nicht. Da kam mir ein weiterer Gedanke, den ich zweifellos auch nicht zum ersten Mal dachte. Vielleicht verlangte Jesus, daß ich diese Lüge vor dem Menschen, den ich damals belogen hatte, bekannte. Aber diesen Gedanken verwarf ich sehr schnell. Er schien mir in seiner Durchführung absolut unmöglich.

Ich stand auf, ging weiter und war sehr unglücklich. Ich versuchte, alle möglichen Gegenargumente zu finden. Ich wußte, daß das Bekenntnis vor Menschen eine Hilfe sein kann. Ich hatte auch Erfahrungen mit der Beichte gemacht. Aber entscheidend war doch, daß ich Jesus meine Sünde bekannt hatte. Nur er konnte mir vergeben. In meinem Zimmer angekommen, schrieb ich einen Brief. Ich schrieb an den Menschen, den ich belogen hatte. Dabei sagte ich mir: „Es macht nichts, wenn du diesen Brief schreibst. Damit hast du ihn ja noch nicht eingeworfen." Ich trug ihn einige Stunden mit mir herum. Schließlich warf ich ihn doch in den Briefkasten. Erst da wußte ich, daß mein Auge klar war. Als mir die betreffende Person später zusagte, daß die Sache erledigt sei, hatte ich Ruhe.

Mag sein, daß sich nun jemand fragt, weshalb ich so ausführlich über dieses Erlebnis berichtet habe. So außergewöhnlich ist es gar nicht. Es gehört zum Alltag eines praktizierenden Christen, und viele könnten von ähnlichen Erfahrungen berichten. Aber ich bin überzeugt, daß unvergebene Schuld der Auslöser für viele Probleme sein kann, mit denen sich Christen herumschlagen. Ich bin nicht sicher, ob wir diese verborgenen Fesseln im Blick haben. Es ist für mich keine Frage, daß Gott Sünde ernst nimmt. Er nimmt sie so ernst, daß er seinen Sohn dafür sterben ließ. Also müssen auch wir sie ernst nehmen. Es kann durchaus möglich sein, daß die Ursachen für Erschöpfung, Niedergeschlagenheit oder Mutlosigkeit hier zu finden sind. Auch die Gründe für Zweifel an der

Gegenwart Gottes und an der persönlichen Heilsgewißheit können hier liegen. Wenn mein Auge dunkel und undurchlässig ist, kann ich stundenlang über das Vorhandensein oder Nichtvorhandensein des Lichtes diskutieren. Bei klaren Augen erübrigt sich die Diskussion. Das ist eine Erfahrung, die jeder Seelsorger macht. Vergebung schafft einen freien Durchblick zu Gott.

Allerdings bitte ich dringend, meine Formulierung wörtlich zu nehmen. Ich habe geschrieben, daß es möglich sein *kann*, daß die Ursachen hier liegen. Das muß nicht sein. Hin und wieder gehört die Traurigkeit auch zu einer wichtigen Glaubensphase. Gott gebraucht solche Zeiten, um uns reifer und fruchtbarer zu machen, ganz abgesehen von den schweren Wegen, die manche Christen gehen müsen. Wieviel Unfug wurde schon von frommen Leuten angestellt, die bei Depressionen nur allzu schnell mit der Sünde bei der Hand sind. Damit können sie einen depressiven Menschen in den Tod treiben. Zur Erkenntnis dieser verborgenen Ebene gehört eine seelsorgliche Gabe von Gott und eine große Empfindsamkeit für den Heiligen Geist.

Ich möchte auch nicht solchen Christen das Wort reden, welche die Sünde ernster nehmen als die Vergebung. Wenigstens ist das mein Eindruck, wenn ich höre, wie manche sich auf Forschungsreisen zu den Vätern und Großvätern begeben, um okkulte und andere Sünden aufzuspüren. Nach meiner Erfahrung deckt der Heilige Geist unvergebene Sünde auf und nicht unser detektivischer Spürsinn. Wenn das geschieht, habe ich sie ernst zu nehmen und sie Jesus Christus zu bekennen. Mit seiner Vergebung ist die Schuld erledigt. Sie wird nie wieder zurückkehren (Micha 7, 19). „Aber“, so werden mir einige entgegenhalten, „mit der Lüge war das doch anders.“ Das stimmt! Hin und wieder verlangt Gott, daß wir auch dem betreffenden Menschen die Schuld bekennen. Das wird nicht immer der Fall sein, und das wird auch nicht immer möglich sein. Aber wenn der Geist Gottes uns dahin führt, haben wir zu gehorchen. Das ist der kürzeste Weg zur Entfaltung des Lichtes Gottes in unserem Leben.

Muß ich betonen, daß es sich bei alldem um eine geistliche Lebensnotwendigkeit handelt? Als ich während einer Griechenland-Freizeit mit Max Bourgeois, einem französischen Pastor und guten Freund, ein Hotelzimmer bewohnte, beobachteten wir vor dem Haus einen Franzosen mit einem PKW. Er ging mit Eimer und Schwamm zu seinem Wagen. Max war sehr erfreut, in der Fremde einen Mann aus seiner Heimat zu treffen. Aber Eimer und Schwamm irritierten ihn. Nicht, daß der Wagen es nicht nötig gehabt hätte, gewaschen zu werden. „Aber", so murmelte Max, „ein Franzose wäscht normalerweise sein Auto nicht." Plötzlich erhellten sich seine Gesichtszüge wieder. Als ich nach draußen schaute, sah ich, daß der französische Fahrer nur die verschmutzten Fenster seines Wagens säuberte. Dann schüttete er das Wasser aus dem Eimer und ging fort. Für Max war die Welt wieder in Ordnung. Das Auto ist in Frankreich nur ein Gebrauchsgegenstand und nicht des Bürgers liebstes Kind, wie das leider bei uns oft der Fall ist. Aber auf saubere Fenster ist selbst ein Franzose angewiesen.

Es kann tödlich sein, mit verschmutzten und undurchsichtigen Scheiben umherzufahren. Das ist in unserem Leben nicht anders. Nur wer gereinigte Augen hat, nimmt das Licht Gottes auf. Er wird die Wahrheit erkennen, und die Wahrheit wird ihn frei machen (Johannes 8, 32).

Persönliche Fragen

1. Was regiert in meinem Leben, das Licht oder die Dunkelheit? Habe ich den Mut, mir jetzt vom Heiligen Geist zeigen zu lassen, wie mein verborgenes Leben aussieht?
2. Welche ungeklärten Sünden blockieren mein geistliches Leben? Was hindert mich, sie jetzt ins Licht Gottes zu stellen?
3. Welche Sünde meines Lebens muß auch vor einem Menschen ausgesprochen werden? Was hindert mich, das jetzt gleich in die Tat umzusetzen?

Bibeltext: Lukas 11, 33-36

8. Tag

Verborgene Fesseln

Vermutlich war es in der Nacht, als ein junger Mann plötzlich seinen Namen rufen hörte. Er sprang auf und lief zu seinem Vorgesetzten. „Hier bin ich. Du hast mich gerufen“, sagte er. Aber der alte Mann rieb sich verschlafen die Augen und sagte: „Nein, ich habe dich nicht gerufen. Leg dich wieder hin und schlaf weiter!“ Samuel ging zurück, legte sich hin und versuchte wieder einzuschlafen. Aber da war die Stimme noch einmal: „Samuel!“ Wieder lief er zu Eli, und wieder hatte er sich getäuscht. Nein, nicht der alte Priester Eli wollte mit Samuel sprechen. Gott rief ihn. Aber Samuel wußte nicht, daß es Gott war. Er schlief im Heiligtum Gottes, in unmittelbarer Nähe des Allerheiligsten, wo die Bundeslade stand. Mit ihr verknüpften sich große Erfahrungen, die Samuels Volk mit dem lebendigen Gott gemacht hatte. Die Tafeln des Gesetzes waren darin. Gott selbst hatte sie Mose gegeben. Auch ein Krug mit Manna stand dort. Er war ein Zeichen der Fürsorge Gottes auf dem Weg durch die Wüste. Aber das war Vergangenheit und damit Geschichte geworden. Die Väter erzählten ihren Söhnen davon. Direktes und unmittelbares Reden Gottes gab es kaum noch in Israel. Auch Samuel hatte das noch nicht erlebt. Deshalb verstand er die Stimme Gottes nicht und lief ein drittes Mal zu Eli. Als dieser begriff, daß Gott den jungen Mann rief, sagte er: *„Geh wieder hin und lege dich schlafen; und wenn du gerufen wirst, so sprich: Rede, Herr, denn dein Knecht hört“* (1. Samuel 3, 1-10).

Ich vermute, daß Gott auch mit uns viel mehr und intensiver spricht, als wir es an- und aufnehmen. Wir sind aber von so vielen Stimmen umgeben, daß wir die Stimme Gottes kaum noch heraushören. „Gottes Führung fordert Stille...", heißt es in einem Lied. Und ich denke, das stimmt. Mein Aufenthalt in Holland war ja in keiner Weise mit spektakulären Erfahrungen verbunden. Er erfüllte nur eine wichtige Voraussetzung: hörende Stille. Unter dieser Voraussetzung sprach Gott durch seinen Heiligen Geist. Und ich verstand ihn. Er weckte in mir den Wunsch nach einem erfüllten geistlichen Leben. Er sprach von Hingabe und Heiligung, und er deckte Sünde auf, damit meine inneren Augen sein Licht aufnehmen konnten. Die Erfahrung mit der Lüge und dem Brief war ein deutliches Zeichen dafür.

Doch damit hörte es nun nicht auf. Im Gegenteil, ich muß gestehen, daß mir in Verbindung mit dem erwähnten Bibeltext aus Lukas 11, 33-36 noch ein weiterer Gedanke kam. Ich hatte einen relativ hohen Geldbetrag erhalten. Nie zuvor hatte ich soviel Geld zu meiner Verfügung gehabt. Auch meinen Aufenthalt in Holland finanzierte ich davon. Außerdem hatte ich viele Vorstellungen und Ideen, was mit diesem Geld anzufangen war. Fromme Argumente fehlten dabei nicht. Alles, was ich mir zu kaufen gedachte, konnte ich in meiner Arbeit für Gott einsetzen. Als ich nun auf der Bank saß, um mir die trüben Stellen meiner Augen zeigen zu lassen, fiel mir dieser Geldbetrag ein. Allerdings habe ich den Gedanken daran sofort verdrängt. Zunächst gelang mir das auch.

Aber wenige Tage später war der Gedanke wieder da. Ich hatte das Empfinden, das Geld müsse fort. Ich wußte zwar nicht, wohin, aber mir persönlich sollte es nicht zur Verfügung stehen. Dieser Gedanke war mir unerträglich. Ich hatte mir immer eingebildet, nicht am Geld zu hängen. Aber nun kam ich nicht los davon. Ich sagte mir: „Peter, sei nüchtern! Du bist hier in Holland in einer besonderen Situation. Da neigt man zu Übertreibungen. Außerdem bist du jetzt auf diese Idee mit dem Geld fixiert. Du kannst an nichts anderes mehr denken. Das muß durchaus kein Reden Gottes sein." Um auf andere Gedanken zu kommen, schlug ich das kleine Büchlein mit Aussprüchen von Hudson Taylor auf. Inzwischen hatte ich wieder meine Bank in den Dünen erreicht. Was las ich? „Als die Jünger vor der Speisung der 4000 Jesus alles, was sie hatten, zur Verfügung stellten, da griff er ein." In dem Büchlein stehen viele Worte. Aber genau das mußte ich lesen. Es würde zu weit führen, wenn ich alle Einzelheiten erzählte, die noch passieren mußten, um mich zur Weggabe des Geldes zu bewegen. Versichern kann ich nur, daß das Reden Gottes in dieser Sache außerordentlich klar war.

Dazu gehörte, daß zu dem erwähnten Text aus Lukas 11, 33-36 eine Parallele in Matthäus 6 zu finden ist. Als Bestandteil der Bergpredigt steht er dort in Verbindung mit der Habsucht. In diesem Zusammenhang sagt Jesus: *Niemand kann zwei Herren dienen: Entweder er wird den einen hassen und den andern lieben, oder er wird an dem einen hängen und den andern verachten. Ihr könnt nicht Gott dienen und dem Mammon* (V. 24). Auch das las ich, und ich sagte mir: „Es geht nicht darum, das Geld fortzugeben. Aber Jesus will nicht, daß du davon abhängig bist. Du bist nur Verwalter deines Besitzes. Du sollst dich nicht daran binden." Anschließend versuchte ich, mich zu prüfen, ob ich an das Geld gebunden sei. Als ob das nicht schon längst deutlich geworden wäre!

In seinem Buch „*Nachfolge*" warnt Dietrich Bonhoeffer davor, den Geboten Jesu dadurch die Spitze zu nehmen, daß wir ihnen mit einer schnellen paradoxen Schriftauslegung begegnen. Er veranschaulicht das an dem Text vom reichen

Jüngling (Markus 10, 17-22). Auf seine Frage nach dem ewigen Leben sagt Jesus schließlich zu ihm: *Eins fehlt dir noch. Geh hin, verkaufe alles, was du hast, und gib's den Armen, so wirst du einen Schatz im Himmel haben, und komm und folge mir nach* (V. 21)! Dazu nun ein Beispiel für paradoxe Bibelauslegung: „Jesus sagt: Verkaufe deine Güter! Jesus meint aber: Nicht darauf kommt es in Wahrheit an, daß du das nun auch äußerlich vollziehst. Vielmehr sollst du die Güter ruhig behalten. Aber du sollst sie haben, als hättest du sie nicht. Hänge dein Herz nicht an die Güter" *(Nachfolge*, S. 54).

Auf diese Weise kann man auch andere Gebote Jesu auslegen. Zum Beispiel sagt er: *Sorgt nicht um euer Leben* (Matthäus 6, 25). Aber wir sagen: „Natürlich müssen wir sorgen und arbeiten. Alles andere wäre ja unverantwortlich. Aber innerlich sollen wir freilich von solcher Sorge frei sein." Dietrich Bonhoeffer schreibt weiter: „Es ist überall dasselbe, nämlich die bewußte Aufhebung des einfältigen wörtlichen Gehorsams." Im alltäglichen Leben der Familie, des Berufs oder des Staates wäre eine solche Auslegung von Aufträgen und Gesetzen unmöglich. Unsere Welt würde kopfstehen. Bonhoeffer macht nun darauf aufmerksam, daß diese paradoxe Auslegung der Gebote Jesu eine gewisse Berechtigung hat. Wir stehen heute nicht unmittelbar neben den Menschen, die Jesus damals begegneten. Es muß deshalb nicht unbedingt richtig sein, wenn ein Christ sein Vermögen verschenkt. Im Gegenteil, daraus könnte eine neue Gesetzlichkeit und Werkgerechtigkeit entstehen. Aber dann schreibt Bonhoeffer einen Satz, der genau in meine damalige Situation traf: „Wer nicht weiß, daß es ihm unendlich viel leichter wäre, das Gebot Jesu einfältig zu verstehen und wörtlich zu gehorchen, also etwa die Güter auf einen Befehl Jesu tatsächlich hinzugeben, statt sie zu behalten, der hat kein Recht zu dem paradoxen Verständnis des Wortes Jesu" (*Nachfolge*, S. 57). Genau das war es! Mein Hinauszögern des Gehorsams machte nur zu deutlich, welchen Stellenwert das Geld für mich besaß.

Jesus sagt: *Wo euer Schatz ist, da ist auch euer Herz* (Matthäus 6, 21). Ich muß nicht extra betonen, daß damit nicht nur unser Geld gemeint ist. In Holland war es bei mir das Geld. In anderen Situationen gab es andere Schätze. Die Lektion, die Gott mir erteilte, setzte tiefer an. Alles, was mich hinderte, ihn über alles liebzuhaben, war Götze und mußte verschwinden. Das ist auch heute nicht anders. Nach meiner Erfahrung können dies die unterschiedlichsten Dinge sein. Hin und wieder sind unsere Schätze lächerlich gering und nur für einen kurzen Augenblick wichtig. Manchmal handelt es sich nicht einmal um etwas Materielles. Es kommen auch Menschen in Frage, die den Platz Gottes bei uns streitig machen. Besonders schwerwiegend ist es, wenn wir unsere Gaben über den Geber stellen. Schon mancher ist durch seine Musikalität, durch praktische oder intellektuelle Fähigkeiten von Gott abgekommen. Wenn das alles noch fromm verbrämt wird, ist es noch schwerer zu durchschauen. Selbst Geistesgaben sind davon nicht ausgeschlossen. Es ist ja ein großes Mißverständnis, wenn jemand meint, Gaben des Heiligen Geistes seien Kennzeichen eines geheiligten Lebens. Hier sollten wir sorgfältig zwischen Frucht (Galater 5, 22) und Gabe (1. Korinther 12 - 14; Römer 12) unterscheiden. Auch Prophetie, Sprachenrede, Evangelisieren und Seelsorge, Diakonie und Lehre können zum Selbstzweck werden.

Gott will unsere ganze und uneingeschränkte Liebe. Deshalb sagt er: *Du sollst den Herrn, deinen Gott, liebhaben von ganzem Herzen, von ganzer Seele und mit aller deiner Kraft* (5. Mose 6, 5). Als Jesus den Schriftgelehrten nach dem Gesetz fragt und der darauf dieses Wort zitiert, sagt Jesus zu ihm: *Du hast richtig geantwortet; tu das, so wirst du leben* (Lukas 10, 28). Weil Gott unser Herz will und nicht nur ein bißchen Denken oder Gefühl, ja weil er unsere ganze Liebe will, deshalb muß jeder Konkurrent dieser Liebe aufgegeben werden.

Hast du Angst davor? Fürchtest du, mit einem so kompromißlosen Christsein einer neuen Art von Unfreiheit zu begegnen? Im nächsten Kapitel werde ich darauf eingehen.

Persönliche Fragen

1. Wo liegen die eigentlichen Schätze meines Lebens (Test: Womit beschäftigen sich meine Gedanken am meisten)?
2. Was hindert mich, Gott von ganzem Herzen, von ganzer Seele und mit aller Kraft zu lieben (5. Mose 6, 5)?
3. Wie lassen sich die Hindernisse meiner Liebe zu Gott ausräumen?

Bibeltext: Matthäus 6, 24

9. Tag

Gott besser kennenlernen

Es ist erschreckend, welche Vorstellungen von Gott in vielen Köpfen herumgeistern. Ich möchte dabei nicht einmal auf die zu sprechen kommen, die sich überhaupt noch nicht mit Gott und seinem Wort beschäftigt haben. Selbst unter den Christen und christlich erzogenen Menschen gibt es zahlreiche Zerrbilder von Gott. Dabei haben viele das Gefühl, Gott drücke ihnen sozusagen die Luft ab. Für sie ist er der große Aufpasser. Er sieht alles, hört alles, kontrolliert alles. Ich kann ihm nichts recht machen.

Solche Gottesbilder sitzen tief. Oft wurden sie uns in der Kindheit anerzogen. Dabei haben es unsere Eltern nicht einmal böse gemeint. Sie wollten ihren Kindern das Bewußtsein für die Gegenwart Gottes schärfen. Aber das Kind lernte nicht die Liebe Gottes kennen, sondern vor allem seine strafende Gerechtigkeit.

Hinzu kommt zweifellos auch ein christliches Umfeld, das stärker von Formen und Gesetzen als von echtem geistlichen Leben geprägt ist. Es ist doch keine Frage, daß Gemeinden, die schon einige Generationen hinter sich haben, mit dem Problem der Erstarrung rechnen müssen. Die Folge ist dann, daß nicht mehr das Leben die Form bestimmt und damit geistliche Lebensform ist, sondern umgekehrt: Das geistliche Leben unterliegt der Form und wird oft von ihr behindert. Menschen, die in einem solchen Klima aufwachsen, sehen das Christsein oft nur in der Negation. Typisch dafür ist, daß ihnen als Kennzeichen des Christen meist verneinende Verhaltensregeln einfallen („Ein Christ darf nicht . . .").

Wenn solche Leute dann mit dem kompromißlosen Ruf Gottes konfrontiert werden und hören, daß sie Gott von ganzem Herzen, von ganzer Seele und mit aller Kraft lieben sollen, dann ziehen sie sich zurück. Es erscheint ihnen unmöglich, Gott eine solche Liebe entgegenzubringen, ganz abgesehen davon, daß man Liebe ohnehin nicht befehlen kann. Da hilft es auch nicht, den Ruf Gottes mit Warnungen und Drohungen zu verstärken. Die Folgen sind meist negativ. Entweder zieht sich ein solcher Mensch dann völlig vom Glauben zurück und bleibt für lange Zeit — vielleicht für immer — unansprechbar, oder aber er startet mit einem Glauben, der nicht von Liebe und Vertrauen, sondern von Angst geprägt ist. Christen, deren Glaubensmotiv die Angst ist, quälen nicht nur sich selbst, sondern verbauen auch anderen den Weg zu Christus.

Aber auch die Unterschlagung des Anspruchs Gottes auf uns kann keine Lösung sein. Wir dürfen Gott nicht als einen „lieben" Gott darstellen, der er nicht ist. Diesen Versuch findet man hin und wieder bei Menschen, die in einem gesetzlichen Klima aufgewachsen sind und sich auf diese Weise selbst ein neues Gottesbild schaffen wollen. Aber damit entsteht ein weiteres Zerrbild.

Wenn ich wissen will, wer und wie Gott ist, muß ich dorthin gehen, wo sich Gott mitteilt. Das geschieht in der Bibel. Dort lerne ich Gott kennen. Da berichten Menschen, wie sich Gott ihnen offenbarte, was er ihnen sagte und welche Erfahrungen sie mit ihm machten. Dabei ist das biblische Zeugnis über Gott durchaus nicht so mehrdeutig, wie uns das manche Leute weismachen wollen.

Die Bibel hat eine eindeutige Mitte: *Jesus Christus.* Nirgendwo sehen wir Gott klarer als bei ihm. Gerade solche Menschen, die von ihren Gottesvorstellungen blockiert und abgestoßen werden, sollten sehr genau auf Jesus sehen. In ihm begegnen uns die beiden Wesensarten Gottes, die wir in unseren Köpfen nicht zusammenbringen: Gerechtigkeit und Liebe. In unserem Denken schließen sich diese Begriffe meist gegenseitig aus. Entweder glauben wir an den gerechten Gott, der die Menschen straft und sogar tötet, oder aber wir glauben an den lieben Gott, der auch mal fünf gerade sein lassen kann. Fazit: Die Gerechtigkeit kennt keine Liebe, und die Liebe muß um der Liebe willen auf die Gerechtigkeit verzichten.

Anders bei Jesus. In ihm begegnet uns grenzenlose Liebe. Wer das noch nicht sieht, lese einmal die Evangelien aufmerksam durch. Es gab nur *eine* Gruppe von Menschen, der Jesus mit Härte begegnet. Das waren die Starken und Selbstgerechten. Mit ihrer vermeintlichen Stärke und Gerechtigkeit verschlossen sie sich selbst vor Jesus. Den Schwachen und Kranken, den Außenseitern und stadtbekannten Sündern begegnete er mit heilender und befreiender Liebe. Levi an der Zollstation, Zachäus auf dem Baum und die Ehebrecherin auf dem Tempelplatz, sie alle wurden durch seine Liebe verändert.

Als die Frommen jene Frau beim Ehebruch ergriffen und sie zu Jesus brachten, um ihm eine Falle zu stellen, wies er sie auf ihre eigene Ungerechtigkeit hin: „*Wer unter euch ohne Sünde ist, der werfe den ersten Stein auf sie*“ (Johannes 8, 7). Einer nach dem andern drehte sich um und ging fort. Zuerst die Ältesten, dann die anderen. Zuletzt stand die Frau allein vor Jesus. „Hat dich niemand verurteilt?“ fragte er sie. „Nein, Herr, niemand.“ Und Jesus? Wie entscheidet er? Pro oder contra? Trifft er seine Entscheidung pro Liebe und contra Gerechtigkeit oder umgekehrt? Die Frau war fraglos schuldig.

Die Gerechtigkeit verlangte die Todesstrafe. Aber Jesus sagte zu ihr: *„Dann verurteile ich dich auch nicht. Geh hin und sündige nicht mehr“* (Johannes 8, 11). Also entschied er sich pro Liebe und contra Gerechtigkeit? Nein! Er traf seine Entscheidung zweimal pro. Er entschied sich pro Liebe und pro Gerechtigkeit. Die Frau mußte nicht sterben, aber er starb für sie.

Ich empfehle allen, die Angst vor Gott haben und sich seine Gerechtigkeit nur auf Kosten seiner Liebe vorstellen können, in ihren Gedanken einmal den Platz dieser Frau einzunehmen. Stell dir einen Augenblick vor, du stündest vor Jesus und mit dir deine Schuld. Es hätte keinen Sinn, sie verbergen zu wollen. Seine Gerechtigkeit enthüllt jede Ungerechtigkeit. Es gäbe kein geeignetes Versteck. Und doch bietet Jesus dir Freiheit an. Das ist nur möglich, weil er deine Strafe auf sich nimmt. Auf diese Weise kommen bei Jesus Gerechtigkeit und Liebe zusammen, ohne sich gegenseitig zu verletzen oder gar auszuschließen.

Nun möchte ich genauso formulieren: Sie kommen bei Gott zusammen. Denn Jesus sagt: *Wer mich sieht, der sieht den Vater* (Johannes 14, 7-11). *Ich und der Vater sind eins* (Johannes 10, 30). Es lohnt sich also, anhand der Bibel die eigene Vorstellung von Gott zu überprüfen und, wenn nötig, zu korrigieren. Manch einer wird nur von seiner falschen Gottesvorstellung blockiert und hat Gott selbst noch gar nicht kennengelernt.

Nun sollte jemand, der Gott kennenlernen will, nicht mehr von „Vorstellungen“ sprechen. Eine Vorstellung produziere ich aus mir selbst heraus. Aber Jesus verspricht seinen Nachfolgern viel mehr. Er sagt: *Wer mich liebt, der wird mein Wort halten; und mein Vater wird ihn lieben, und wir werden zu ihm kommen und Wohnung bei ihm nehmen* (Johannes

14, 23). Die Liebe zu Jesus ist der Schlüssel, mit dem wir den Vater kennenlernen.

Damit haben wir einen wichtigen Punkt erreicht. Ausgegangen waren wir von dem Gebot, Gott von ganzem Herzen, von ganzer Seele und mit aller Kraft zu lieben. Mittlerweile sind wir bei der Liebe zu Jesus, dem Sohn Gottes, angekommen. Hier schließt sich der Kreis. Mit anderen Worten: Durch Jesus wird es möglich, Gott von ganzem Herzen liebzuhaben. Gott offenbart sich uns in seinem Sohn (Johannes 1, 14). Wer ihn aufnimmt, gehört zur Familie Gottes (Johannes 1, 12). Er hat Gott zum Vater.

Und nun frage ich dich: Wie lernst du eine Person, die du liebst, am besten kennen? Doch nur so, daß du dich dieser Person öffnest und möglichst eng mit ihr zusammenlebst. Wer auf Distanz lieben will, sollte nicht von Liebe sprechen. Gott will uns also mit seinem Gebot der ungeteilten Liebe nicht das Leben erschweren. Er möchte, daß wir ihn kennenlernen. Deshalb kommt er uns in Jesus so weit entgegen.

Dieser Exkurs ist mir deshalb so wichtig, weil alles, was in diesem Buch steht, zur frommen und bedrückenden Pflicht wird, wenn wir Gott nicht so sehen, wie er ist, nämlich als den Vater, der uns mit einer Liebe aufnimmt, die für uns unvorstellbar groß ist. Selbst langjährige Christen scheitern nach meiner Erfahrung oft an diesem Punkt. Auch sie tragen manchmal die verzerrten Gottesbilder ihrer Erziehung mit sich herum.

Zu den Bibelversen, die ich mir in mein Notizbuch schrieb, um sie auf den Spaziergängen auswendig zu lernen, gehört ein Wort aus Epheser 3. Dort schreibt Paulus, daß jede Vaterschaft im Himmel und auf der Erde von Gott ihren Namen hat. Er ist der richtige Vater. Alle irdischen Väter sind kümmerliche Abbilder von ihm. Aber in unserer Vorstellung machen wir es umgekehrt. Wir übertragen die Erfahrungen mit unseren Väter auf den himmlischen Vater. Kein Wunder, daß sie uns dann hindern, Gott von ganzem Herzen zu lieben. Es bleibt dabei: Nur wer sich mit ganzem Herzen, mit ganzer Seele und mit aller seiner Kraft dem Vater im Himmel anvertraut, erfährt seine grenzenlose Liebe.

Laßt mich zum Schluß dieses Kapitels ein Bild gebrauchen, daß mir während meines Aufenthaltes an der Küste sehr nahelag. Wenn ich auf das Meer sah, dann hatte ich das Empfinden einer grenzenlosen Weite und Freiheit. Nun kam ich hin und wieder an einem kleinen Hafen mit Segelbooten vorbei. Am Wochenende sah man sie weit draußen auf dem Wasser. Nimm einmal die Weite des Ozeans als Bild für die grenzenlose Liebe Gottes. Vergleiche dein Leben mit solch einem Segelboot und stell dir den Heiligen Geist als Wind vor, der das Segel füllt und das Boot aufs Wasser treibt. Jesus zeigte mir in Holland, wie das Boot seetüchtig wird, und ich habe in den vorhergehenden Kapiteln davon berichtet. Er machte mir auch klar, daß ich mich nicht um Wasser und Wind zu sorgen habe. Jesus ist alles in allem, und die vorwärtstreibende Kraft des Heiligen Geistes umgibt mich nach wie vor. Aber dann deckte er Dinge auf, die ich loszulassen hatte. Alles, was mich hinderte, ihn von ganzem Herzen zu lieben, war aufzugeben. Auch mein Geld gehörte dazu. Was sollte ich tun?

Meinst du ernsthaft, ich hätte Gott vorwerfen sollen, daß er mir meine Freiheit raube? Das Gegenteil war doch der Fall. Ein Boot wird solange keine Fahrt machen, solange nicht jedes Tau vom Ufer gelöst ist. Da kann noch soviel Wasser und Wind vorhanden sein. Auch seine Seetüchtigkeit und hervorragende Qualität helfen ihm da nicht weiter. Wenn nicht jeder Knoten geöffnet wird, bleibt es angebunden. Gott nahm mir nicht meine Freiheit, er gab sie mir. Er wollte, daß ich

mich von allen Bindungen löse, um endlich seine grenzenlose Liebe zu erfahren.

Wenn jetzt jemand meinen sollte, auf dem weiten Ozean der Liebe Gottes nur mit sich allein zu sein, so täuscht er sich gewaltig. Das Gegenteil ist wahr. Wenn ich mich vom Ufer der Selbstsucht gelöst habe, um von der Liebe Gottes getragen zu werden, entdecke ich den Bruder. Ich werde gemeinschaftsfähig. Weil die Liebe Gottes mich trägt, kann auch ich den anderen tragen. Wenn ich diese Liebe verweigere, zeige ich, daß ich noch am Ufer der Selbstsucht vor Anker liege. Deshalb schreibt Johannes: *Wenn jemand sagt: Ich liebe Gott —, und haßt seinen Bruder, so ist er ein Lügner* (1. Johannes 4, 20). Deshalb führt auch der Weg der Bruderliebe über Jesus. Nicht eine exklusive und fromme Idylle ist das Ziel Gottes mit uns, sondern ein erfülltes Leben in seiner Liebe, das auch meinen Mitmenschen zugute kommt. Doch darüber mehr im nächsten Kapitel.

Persönliche Fragen

1. Welche Empfindungen habe ich, wenn ich an Gott denke? Wenn ich beispielsweise meine Empfindungen Gott gegenüber mit den Empfindungen gegenüber Menschen, die ich liebe, vergleiche — welche Unterschiede, welche Übereinstimmungen gibt es?
2. Fällt es mir leichter, Jesus zu lieben als Gott, der mein Vater ist? Wenn ja, wo liegen die Ursachen? Was muß sich ändern?
3. Habe ich das Gefühl, daß Gott mich in die Weite und Freiheit führt, oder empfinde ich eher, daß er mein Leben einengt (wichtig: nicht mein Wissen, sondern mein Gefühl ist hier gefragt)? Woher mögen diese Gefühle rühren, und wie kann ich sie ändern?

Bibeltext: Johannes 14, 7-11

Jesus, wir sehen auf dich.
Deine Liebe, sie will uns verändern.
Und in uns spiegelt sich deine Herrlichkeit.
Jesus, wir sehen auf dich.

Jesus, wir hören auf dich.
Du hast Worte des ewigen Lebens.
Und wir haben erkannt: Du bist Christus.
Jesus, wir hören auf dich.

Jesus, wir warten auf dich.
Du wirst kommen nach deiner Verheißung.
Alle Menschen, sie werden dich sehen.
Jesus, wir warten auf dich.

(aus: Liedblatt Nr. 57, EURO-Chor
Rechte: Hänssler-Verlag, Neuhausen-Stuttgart)

10. Tag

. . . und deinen Nächsten wie dich selbst

An einem Morgen während des Frühstücks setzte sich eine Frau an den Nachbartisch. Als sie den Kaffee bestellte, hörte ich, daß sie deutsch sprach. Sie machte einen verkrampften und traurigen Eindruck auf mich. Als ich mein Frühstück beendet hatte und aufstand, wollte ich ihr einen „Guten Tag" wünschen. Vielleicht ergab sich auf diese Weise ein Gespräch. Ich unterließ es aber. Später, in der Garage, entdeckte ich, daß ihr Auto einen frommen Aufkleber trug.

Während meines Strandspaziergangs betete ich für die Frau. Ich bat Jesus, sie zu segnen. Dabei dachte ich noch einmal über die Situation während des Frühstücks nach. Weshalb hatte ich die Frau nicht angesprochen? Weshalb hatte ich ihr nicht einmal einen „Guten Tag" gewünscht? War es Schüchternheit? Waren es Hemmungen? Vielleicht. In meinem unmittelbaren Arbeitsbereich fiel es mir nicht schwer, Kontakte aufzunehmen. Aber so ganz privat war das anders. Da tat ich mich bedeutend schwerer. Woran lag das? Gab es also doch so etwas wie ein Amtsbewußtsein bei mir? Ich hatte mir immer eingebildet, damit nichts am Hut zu haben. Aber vermutlich täuschte ich mich.

Während ich langsam weiterging, bat ich Jesus, mir mehr von den verborgenen Antriebskräften und Verweigerungsmechanismen meines Lebens zu zeigen. Was dabei zutage kam, war erschreckend. Mir wurde klar, wieviel dienstliche Nächstenliebe und wie wenig echte Liebe in meinem Leben zu finden war. In meiner Arbeit nahm ich mir viel Zeit für die Menschen. Gerade das war ja ein wesentlicher Bestandteil meines Dienstes. Der private Peter Strauch war aber anders. Der tat sich schwer mit der Liebe. Fazit: Die dienstliche Liebe ist keine Liebe, wenn sie nicht gleichzeitig auch private und damit echte Liebe ist. Die dienstliche Liebe gehörte zu meinem Berufsbild und unterstützte damit mein eigenes Ich. Je mehr ich dort liebte, desto besser übte ich meine Arbeit aus und umso mehr war ich mit mir zufrieden. Ich betone noch einmal: Hier handelte es sich um *verborgene* Beweggründe. Sie waren mir nicht bewußt. Erst in der Einsamkeit traten sie ans Licht.

Mag sein, daß du nun sagst, das sei bei dir anders. Vielleicht hast du keinen Beruf, der eine solche Scheinliebe fördern kann. Aber sei vorsichtig! Schon das Christsein an sich kann dich auf eine falsche Fährte bringen. Dabei mußt du dir nur bewußt machen, daß ein Christ den Nächsten zu lieben hat. Also liebst du, weil du Christ bist. Schon ist es passiert. Du liebst nicht mehr wirklich, sondern dienstlich, oder sagen wir „christlich".

Das Eigentümliche dabei ist, daß wir uns damit selbst am meisten schaden. Privat tun wir uns dann schwer im Umgang mit Menschen. Wir sprechen von Schüchternheit und Hemmungen. Aber in Wirklichkeit ist es oft unsere Selbstbezogenheit, die uns blockiert. Das wird spätestens dann klar, wenn wir über das Wesen der Liebe nachdenken. Liebe läßt sich los und öffnet sich ganz für den anderen. Sie fragt nicht ständig nach den Wirkungen ihres Tuns. Sie fürchtet nicht die Blamage. Auch in diesem Zusammenhang gilt, was Johannes schreibt: *Furcht ist nicht in der Liebe, sondern die vollkommene Liebe treibt die Furcht aus* (1. Johannes 4, 18). Die Liebe kalkuliert nicht. Sie ist frei von den Berechnungen ihres Tuns.

Während ich hier sitze und diese Sätze schreibe, wird mir bewußt, wie leicht das aufs Papier geht. Wieviel schwerer geht es ins Leben. Da ergibt sich die Möglichkeit, einen Menschen zu lieben, und ich frage ängstlich: Was wird er denken? Wie sieht das aus? Welche Folgen hat es? — Nicht, daß diese Fragen unwichtig wären, aber sie beziehen sich meist nicht auf meinen Nächsten, sondern auf mich. Ehrlicher formuliert lauten dieselben Fragen: Was wird er von mir denken? Wie sehe ich dabei aus? Welche Folgen hat es für mich? Je länger ich diesen Fragen nachdenke, desto stärker blockieren sie mich. Wie sehr wünsche ich mir, echte Liebe weitergeben zu können! Ich möchte ja gerne privat der sein, der ich dienstlich bin. Aber wie?

Damit habe ich wieder einen Punkt erreicht, der mir meine Ohnmacht bewußt macht. Gibt es hier keinen Ausweg? Steckt nun mal jeder in seiner Haut, aus der er nicht herauskommen kann?

Am Strand damals endete das Reden Gottes nicht damit, mir meine versteckten Motive zu zeigen. Auch den positiven Weg zu einer echten Liebe brachte Gott in mein Bewußtsein. Es begann damit, daß Jesus mir neu zeigte, wie eng die Liebe zum Vater im Himmel und die Liebe zu den Menschen auf der Erde zusammengehören. Auf die Frage eines Pharisäers, welches das wichtigste Gebot sei, antwortete Jesus: *Du sollst den Herrn, deinen Gott, lieben mit ganzem Herzen, mit ganzer Seele und mit all deinem Verstand. Dies ist das größte und wichtigste Gebot.* Aber dann setzte er hinzu: *Das andere aber ist dem gleich: du sollst deinen Nächsten lieben wie dich selbst* (Matthäus 22, 34-40).

Ich erinnere noch einmal an Johannes, der schreibt: *Wenn jemand sagt: Ich liebe Gott —, und haßt seinen Bruder, so ist er ein Lügner* (1. Johannes 4, 20). Interessant ist der Vers davor. Er ist unter den Christen so bekannt und beliebt geworden, daß ihn einige sogar in Holz gebrannt in ihrer Wohnung hängen haben: *Laßt uns ihn lieben, denn er hat uns zuerst geliebt* (V. 19). Tatsache ist aber, daß im griechischen Grundtext nur steht: *Laßt uns lieben, denn er hat uns zuerst geliebt.* Ich weiß noch, wie erschrocken ich war, als ich das zum ersten Mal entdeckte. War das nicht eine gewaltige Abschwächung dieses Bibelverses? Verlor er damit nicht seine herausragende Bedeutung? Aber dann begriff ich, daß die Liebe zu Gott auch ihren Ausdruck in der Liebe zum Menschen finden muß. Wenn das nicht der Fall ist, sind wir fromme Sprücheklopfer, aber keine glaubwürdigen Zeugen Jesu.

Außerdem ist das, was Jesus verlangt, nicht unerfüllbar. Er selbst hat ja die Voraussetzungen dafür geschaffen. Er hat mich ja zuerst geliebt. Damit hat er uns nicht nur vorgelebt, was Liebe ist. Jesus hat uns sogar die Möglichkeit geschenkt, in seinem Namen zu lieben. Als wir zum Glauben an Jesus Christus kamen, gab Gott uns seinen Geist. Damit gehören wir zu seiner Familie. Damit haben wir auch die Voraussetzung zur Liebe. Seinem Mitarbeiter Timotheus schreibt Paulus: *Gott hat uns nicht den Geist der Furcht gegeben, sondern den Geist der Kraft und der Liebe und der Besonnenheit* (1. Timotheus 1, 7). Und im Galaterbrief nennt er die Liebe eine Frucht des Heiligen Geistes (Galater 5, 22).

Warum lassen wir diese Kraft in uns verkümmern? Warum lieben wir so wenig? Mal konkreter: Wenn du einem Menschen begegnest, sei es auf der Straße, im Büro, in der Kantine oder in der Straßenbahn, weshalb liebst du ihn nicht? Wir sollten ihn sicher nicht gleich umarmen, aber wir können für ihn beten und ihn im Namen Jesu Christi segnen. Nach meiner Erfahrung werden dadurch auch unsere Worte und unser Verhalten zu dem Menschen geprägt.

Oder denken wir an einen Menschen, den wir nicht ausstehen können. Vielleicht ist er sogar das, was man einen Feind nennt. Für ihn trifft das gleiche zu: Beten und Segnen (Lukas 6, 27f). Du meinst, das geht nicht? Richtig, ich schaffe es auch nicht. Aber der Geist Gottes schafft es. Wenn er uns tatsächlich regiert (Galater 5, 16.18), wird er es in uns und durch uns schaffen. Wichtig ist, daß wir in den entscheidenden Minuten nicht ein Spielball unserer Gefühle, sondern Werkzeug des Heiligen Geistes sind. Auch das Verdrängen unserer negativen Empfindungen hilft nicht. Es bringt nur eine maskenhafte Liebe hervor. Gott muß uns durch seinen Geist regieren. Wir müssen uns in seine Hände geben. Dann gelingt es. Wie das geschehen kann, habe ich ja bereits in einem früheren Kapitel geschrieben.

Übrigens, bleib jetzt nicht bei meinen Beispielen hängen! Flüchtige Gelegenheitskontakte und massive Feinde spiegeln nicht die ganze liebenswerte Wirklichkeit wider. Wer seine Liebe nur am flüchtigen Bekanntenkreis oder an nennenswerten Feinden erprobt, hat immer noch nicht das Umfassende der Liebe Gottes begriffen. Oder wer nur von der Liebe zu politischen Feinden redet und für diese Liebe auf die Straße geht, aber seine eigene Familie tyrannisiert, sollte besser schweigen. Deine Frau, dein Mann, deine Kinder und deine Eltern sind eingeschlossen. Auch sie gehören zu dem Kreis, dem deine Liebe gilt. Ihnen sogar ganz besonders.

An dieser Stelle traf mich der Anspruch der Liebe am stärksten. Wieviel Zeit nahm ich mir für alle möglichen Menschen und wie wenig für meine eigene Familie? Von fremden Menschen ließ ich mir meine Schreibtischarbeit unterbrechen, aber von meinen Kindern ...

Liebe deinen Nächsten wie dich selbst, sagt Gott (3. Mose 19, 18), und Jesus wiederholt es. Habe ich das begriffen?

Begreifen wir es? Wissen wir, daß letztlich hier der Schlüssel zur Glaubwürdigkeit der christlichen Gemeinde liegt? Denn an der Liebe wird sichtbar, daß Jesus wirklich lebt und wir ihm gehören (Johannes 13, 35). „In dem ersten christlichen Jahrhundert wurde die Welt mehr durch Liebe verändert als durch irgend etwas sonst", sagte einmal Bill Bright, der Leiter von *Campus für Christus*. Ich meine, daß er recht hat.

Persönliche Fragen

1. Wie begegne ich Menschen, mit denen ich eher zufällig (Bus, Straße, Geschäft usw.) zusammentreffe? Was hindert mich, ihnen freundlich und hilfsbereit zu begegnen?
2. Gibt es Unterschiede zwischen meinem Verhalten zu den Menschen als offizieller Christ (oder Mitarbeiter) und als normaler Mitmensch?
3. Zu welchen Menschen habe ich ein unfriedliches und liebloses Verhältnis? Was habe ich zu tun, damit sich das ändert?

Bibeltext: 1. Johannes 4, 19-21

11. Tag

In Amt und Würden

Wenn ich heute in meinen Tagebuchaufzeichnungen von damals blättere, stoße ich immer wieder auf ein Problem, das sich am besten unter dem Stichwort *Termine* einfangen läßt. Dahinter verbirgt sich die ganze Hektik und Nervosität meines damaligen Lebens. Es gehörte fast zur normalen Begrüßungsformel bei Veranstaltungen, in denen ich zu sprechen hatte, daß der Leiter mit den Worten begann: „Wir freuen uns, daß Peter Strauch trotz seines vollen Terminkalenders und seiner vielen Verpflichtungen zu uns gekommen ist." Was empfand ich bei solchen Sätzen? Stöhnte ich innerlich? War ich stolz? Fühlte ich mich verstanden? Was empfinde ich heute dabei?

Es ist schwer, sich über seine eigenen Empfindungen klar zu werden. Noch schwerer ist es, darüber zu schreiben. Ich werde es trotzdem versuchen. Denn es gehörte zu den wesentlichen Entdeckungen meiner Zeit in Holland, wieviel Selbstbestätigung sich mit meinen vielen frommen Terminen verband. Nicht etwa, daß ich viele Dienste angenommen hätte, um selbst groß rauszukommen. Ich wollte die Arbeit wirklich für die Sache Gottes tun. Deshalb betete ich immer wieder um die richtige Einstellung zu meinen Aufgaben. Aber zu meinem Aufgabenbereich gehörte ein bestimmtes Leistungssoll. Wenigstens dachte ich das. Und dieses Soll wurde nicht von mir, geschweige denn von Gott, sondern von den Anfragen bestimmt.

Das Telefon klingelte. Ich holte meinen Kalender, und wenn der Termin frei war, übernahm ich ihn (manchmal unter hörbarem Seufzen). Besonders anfrageintensiv waren Konferenzen und Tagungen, auf denen ich mit anderen Mitarbeitern zusammentraf. Hier wurde ich nicht nur mit Wissen und Informationen vollgestopft, sondern ebenso mit weiteren Terminen. Das hatte eine wachsende Hektik zur Folge.

Aber mit diesem Wachstum war es ähnlich bestellt wie mit dem Wirtschaftswachstum der reichen Industrienationen. Bei begrenzten Vorräten war es nur auf Kosten anderer zu verwirklichen. Was bei mir an Aktionen zunahm, mußte ich an meiner persönlichen Stille vor Gott abzweigen. Andererseits brauchte ich diese Stille aber, um zu hören, aufzunehmen und schließlich aktiv sein zu können. Auf diese Weise wurde mein Lebensrhythmus mehr und mehr überdreht. Letztlich war dies der Auslöser für die Krise.

Nun ist das kein Einzelfall. Was ich bei mir beobachtete, konnte ich ebenso bei vielen Mitarbeitern in meiner Umgebung feststellen. Woran liegt das? Stimmt es, daß das Gros der Christen nur noch konsumiert und nicht mehr mitarbeitet? Trifft der humorvolle Satz zu: „Damit immer mehr immer weniger tun, müssen immer weniger immer mehr tun“? Zweifellos gibt es relativ wenig christliche Gemeinden und Gruppen, in denen das Motto „Jeder Christ ein Mitarbeiter“ in die Praxis umgesetzt wird. Dabei ist es neutestamentlich zweifellos richtig.

Trotzdem bin ich unsicher, ob dies die wirkliche Ursache einer überdrehten Aktivität vieler Christen ist. Auch die Erklärung, daß es nur einzelne wirklich begabte Leute gäbe, will mir nicht in den Kopf. Ist Gott nicht selbst der Geber aller guten Gaben? Glauben wir ernsthaft, daß er seine Gemeinde verkümmern ließe, indem er nur noch wenige Experten mit den notwendigen Gaben ausrüstet?

Es scheint mir besser zu sein, wenn wir die Gründe nicht in den Umständen oder bei anderen suchen. Sie liegen zum größten Teil bei uns selbst. Für mich stand fest (und steht es noch heute), daß Gott uns mit Absicht ein begrenztes Maß an Zeit und Kraft gegeben hat. Wenn dieses Maß von ihm stammt, habe ich kein Recht, es ständig zu überschreiten. *Ein jegliches hat seine Zeit und alles Vorhaben unter dem Himmel hat seine Stunde,* sagt schon der Prediger Salomo (3, 1).

Den großen Zeitmanagern gegenüber bin ich skeptisch. Die totale Zeitplanung mit ihren Zeitanalysen, Zeitsparideen und Zeitplantechniken mag gut sein. Sie kann helfen, verklüngelte Zeitabschnitte bewußt zu machen. Aber wer sein Leben einer totalen Planung unterwirft, wird zur vorprogrammierten Maschine. Von dem Kind Gottes, das der Vater durch seinen Geist von Tag zu Tag lenken will, bleibt nur wenig übrig. Die Aussage, daß verlorene Zeit schlimmer als verlorenes Geld sei, ist sicher richtig. Aber wer bestimmt eigentlich, was „verlorene Zeit" ist?

Mein Problem damals lag noch tiefer. Es steckte in den Tiefen meiner Persönlichkeitsbildung. „Hast du was, dann bist du was" — das war mein Problem. Oder vornehmer: Wenn ich ein vielbeschäftigter Mitarbeiter bin, dann bin ich auch eine akzeptierte Persönlichkeit. Wieder lagen diese eigentlichen Beweggründe nicht auf der Hand. Erst in der Stille und Einsamkeit wurden sie mir bewußt. Ich hatte mir ein Persönlichkeitsbild zurechtgezimmert, zu dem ein voller Terminkalender gehörte. Ich brauchte ihn zur Respektierung meiner Person. Nicht nur vor anderen, auch vor mir. Ich hätte mir das nie eingestanden. Aber jetzt, mit Gott und mit mir allein, konnte ich dieser Erkenntnis nicht ausweichen.

Wie weit hatte ich mich von dem Persönlichkeitsbild entfernt, das Gott von einem Menschen hat! Gott muß sich kein Bild machen. Er sieht den Menschen so, wie er ist. Allein die Existenz des Menschen ist Grund genug für Gott, ihn liebzuhaben. Aber wir wollen uns erst zu liebenswerten Persönlichkeiten machen. Auf diese Weise werden wir zu verkrampften Schauspielern, die nicht den Mut haben, die Bühne zu verlassen und sie selbst zu sein. Daß das in der Gesellschaft so ist und vielleicht sein muß, leuchtet mir noch ein. Aber weshalb haben wir als Christen diese Vorstellung in unseren Köpfen?! Weshalb reden wir wie auf einer Theaterbühne miteinander, anstatt uns persönlich zu begegnen?

Ich denke dabei an manchen Bibelkreis, in dem die Teilnehmer sich in der Regel mit klugen theologischen Erkenntnissen und Richtigkeiten bestätigen. Die eigentlichen Fragen und Probleme kommen nicht zur Sprache. Es herrscht eine Atmosphäre, die es verbietet, über eigene Probleme zu sprechen. Man käme sich bloßgestellt vor. Oder ich denke an Mitarbeiter in den verschiedensten Leitungsfunktionen der Gemeinde. Sie spielen sich gegenseitig das Bild des sicheren und routinierten Experten vor. Nie würden sie es wagen, voreinander, geschweige denn vor ihren Gruppen und Gemeinden, über ihre Schwächen zu reden.

Auch die breite Skala der Informationen und Nachrichten, die in christlichen Zeitschriften und Presseorganen über einzelne Gemeinden und Werke geschrieben werden, gehört dazu. Wie bemüht sich jeder, die Stärke, Größe und Wichtigkeit seines eigenen Verbandes herauszustreichen. Mag sein, daß das alles ein wenig überzeichnet ist. Aber es spiegelt eine Tendenz wider, die unter uns Christen fast überall zu finden ist. Wir spielen uns etwas vor. Von wem haben wir das? Von wem habe *ich* das? Von Jesus sicher nicht.

Klar, mit Begriffen wie „Stolz“ und „Egoismus“ läßt sich das allein nicht erklären. Offensichtlich stolz sind wir nur selten. Wir sagen: „Es geht uns um die Sache.“ Aber genau da sitzt der Fehler. Die Sache ist zweitrangig. Unser Gemeindeverband, unsere Gruppe, unsere Ämter, Funktionen und Dienste, alles das wird in Gottes neuer Welt keine Bedeutung mehr haben. Nur Gott selbst ist wichtig. Nur was wirklich aus Liebe zu ihm geschieht, bleibt bestehen. Die Liebe zur Sache hilft uns da nicht weiter. Im Gegenteil, sie wird schnell zum Konkurrenten unserer Liebe zu Gott.

Die Liebe zur Sache formte auch mein eigenes Persönlichkeitsbild. Mir ging es wie dem Mitarbeiter eines großen Wirtschaftsunternehmens. Er muß als guter Mann seines Werkes möglichst clever, intelligent und beschäftigt wirken. Je näher ich Jesus kam, desto unwichtiger wurde das alles. Er fragte mich nicht nach meiner Cleverness und Intelligenz. Er wollte auch nicht wissen, wie beschäftigt ich sei. In dem Bewußtsein seiner Liebe konnte ich meine Bühnenrolle aufgeben. Es gab keinen Grund mehr, das Gesicht zu wahren. Ich durfte ich selbst sein: ein Mensch, den Jesus unvorstellbar liebt. Langsam lernte ich, daß er mich nicht in ein Bild oder in eine Rolle pressen will. Er schafft sich eine Persönlichkeit, die sich nicht an Terminanfragen und den Erwartungen ihrer Umwelt orientiert, sondern allein an ihm.

Das hatte praktische Konsequenzen. Ich setzte mir Prinzipien. Dazu gehörte beispielsweise, daß ich in Zukunft bei Terminanfragen keine Spontanzusagen mehr geben wollte, weder am Telefon noch bei Tagungen und Konferenzen. Ich nahm mir vor, Anfragen zunächst zu notieren und erst nach persönlichem Überdenken und Beten eine Zu- oder Absage zu geben. Hinzu kamen weitere Leitlinien für mein praktisches Leben. Sie sollten mir helfen, sehr wichtige Arbeiten von weniger wichtigen zu unterscheiden. Ich wollte in Zukunft weniger fragen, wie Menschen über eine anstehende Aufgabe dachten, als vielmehr, wie Gott darüber dachte. Was in seinen Augen groß war, sollte auch für mich groß sein. Was für ihn klein war, wollte auch ich als klein ansehen. Ich betete um eine neue Gestaltung meines ganzen Lebens. Gerade der Alltagsbereich sollte darin eingeschlossen sein.

Es stimmt zwar, daß auch bei einer solchen Persönlichkeitsprägung Menschen beteiligt sind. Jesus stellt uns ja als Christen nicht in einen luftleeren Raum. Er stellt uns in seine Gemeinde. Aber die Orientierungspunkte liegen anders. Sie liegen tiefer. Sie liegen letztlich nicht mehr beim anderen Menschen, auch nicht in meinem Kopf, sondern bei Jesus.

Es wäre falsch anzunehmen, daß das nun alles hinter mir läge. Vielleicht klingt der Text so. Aber in Wirklichkeit bin ich mittendrin. Mag sein, daß das Kritik auslöst: „Weshalb schreibt einer über etwas, was er selbst nicht einmal unter die Füße bekommen hat?" Ja, weshalb? Vielleicht gerade, weil Gott mir mein altes Persönlichkeitsbild genommen hat. Ich muß eben nicht warten, bis ich es geschafft habe. Ich muß nicht vollkommen sein. Ich kann es nicht einmal. Jesus ist meine Vollkommenheit, und sein Geist ist es, der mich verändert. Deshalb darf ich mich auch als ein Unvollkommener zu Wort melden.

Meine Schwäche ist ein Hinweis auf seine Kraft. Vermeintliche Stärke würde niemandem helfen. Sie wäre ja doch nur fassadenhaft. Spricht nicht die Bibel auch so über die Männer und Frauen des Glaubens? Waren nicht Abraham, Mose, David und andere ebenso schwache Leute wie wir? Ihre Stärke lag nicht in der guten Figur, die sie als Väter, Führer oder Könige machten, sondern allein in der Tatsache, daß sie ihr ganzes Vertrauen auf Gott setzten.

Persönliche Fragen

1. In welchem Verhältnis stehen mein aktiv-öffentliches und mein verborgenes Leben mit Christus zueinander (z. B. zeitlicher Aufwand allgemein; öffentliches und verborgenes Beten; persönliches Bibellesen und vorbereitendes Bibellesen für Andachten, Bibelarbeiten, Predigten u. a.)?
2. Welche Motive haben zu diesem eventuellen Mißverhältnis geführt? Wie kann ich sie ändern?
3. Habe ich schon begriffen, daß Gott mich nicht wegen meiner Leistung liebt, sondern weil ich sein Kind bin? Weiß ich, daß er nicht meine Liebe zur Sache will, sondern daß ich ihn liebe? Was hindert mich, jetzt mit ihm darüber zu sprechen, ihm für seine Liebe zu danken und ihm zu sagen, daß ich ihn liebhabe?

Bibeltext: Jeremia 31, 3; Johannes 21, 15-17

Herr, du gibst uns Hoffnung,
du änderst unser Leben.
Großes wird groß,
Kleines wird klein.
Du willst uns gestalten,
uns Geist und Leben geben.
Herr, wir brauchen dich.
Du läßt uns nicht allein.

Du weißt, wie oft wir mutlos sind,
wie die Angst gewinnt
und uns jede Hoffnung nehmen will.
Doch deine Liebe ist so groß
und läßt uns nicht los.
Bei dir werden alle Ängste still.

Wir sind gefangen in der Welt,
halten, was nicht hält,
und begreifen nicht, wie groß du bist,
daß du dich Herr und König nennst
und daß du uns kennst
daß dein Plan für uns schon fertig ist.

Wie oft verträumen wir die Zeit
und sind nicht bereit,
als Gesandte in die Welt zu gehn.
Herr, der du deine Kraft verheißt:
Füll uns mit dem Geist,
laß ihn neu durch unser Leben wehn.

(aus: Liedblatt Nr. 23, Der junge Sound

12. Tag

Sollte Gott gesagt haben ...

Das ist dir natürlich längst aufgefallen: Ich bin in Holland nicht nur auf alte, verschüttete geistliche Erkenntnisse gestoßen. Ich habe auch die Bibel neu entdeckt. Alle geistlichen Erfahrungen, die ich machte, hingen eng mit diesem Buch zusammen. Ich erlebte sehr intensiv, wie Gott zu mir sprach. Manchmal traf mich ein Bibelvers wie ein Blitz. Der Text drang tief in mein Bewußtsein und hielt mich fest.

Hin und wieder treffe ich Leute, die das Reden Gottes durch die Bibel nicht mehr erleben. Sie kommt ihnen wie ein verschlossenes Buch vor oder wie ein altes Geschichtsbuch, das zwar interessant, aber eigentlich belanglos ist. Sie sehnen sich nach Erfahrungen mit der Bibel, aber sie machen keine Erfahrungen mit ihr. Woran liegt das?

Es gibt viele mögliche Ursachen. Methodische Probleme der Stillen Zeit usw. möchte ich außer acht lassen. Sie sind zwar wichtig, aber ich habe bereits am Anfang gesagt, daß es dazu gute und wichtige Literatur gibt. Ich möchte tiefer ansetzen. Wir leben in einer Zeit, in der es viel Mißtrauen gegenüber der Bibel gibt. In den Medien, in den Schulen, manchmal sogar in den Kirchen wird dieses Mißtrauen genährt. Selbst Christen in pietistischen oder evangelikalen Kreisen tun sich schwer mit der Formulierung: „Gottes Wort sagt ...“ Wer aber dem Reden Gottes in der Heiligen Schrift mit Mißtrauen begegnet bzw. zunächst einmal aus der Bibel herausfiltern muß, was von Gott und was von Menschen ist, der wird sich nur schwer von einem Wort Gottes in Bewegung setzen lassen.

Ich gehöre zu den Leuten, die der Meinung sind, daß die Bibel nicht nur Gottes Wort enthält, sondern Gottes Wort ist. Das wurde mir in Holland wieder neu wichtig. Ich halte diesen Standpunkt, wenn er konsequent verwirklicht wird, für außerordentlich progressiv. Aber was heißt das?

Zunächst gestehe ich, daß ich nicht an eine Verbalinspiration glaube, die davon ausgeht, daß Gott den Bibeltext wörtlich diktierte und die biblischen Schreiber nichts anderes als Diktiergeräte oder Schreibmaschinen Gottes waren. So, wie Gott auch heute Menschen mit ihrer ganzen Persönlichkeit in seinen Dienst stellt und sie gebraucht, war es auch damals. Besessenheit und Vergewaltigung gibt es nur beim Satan. Gott nimmt die Person und Originalität des Menschen ernst und heiligt sie. Dabei werden vorhandene Gaben und Möglichkeiten entfaltet. Andere neue Gaben schenkt Gott hinzu. Das war auch bei den biblischen Schreibern nicht anders. Wenn man die Evangelien liest oder die Paulus- und Petrusbriefe, dann lernt man damit auch die jeweiligen Verfasser kennen. Ihre Eigenarten und ihre Persönlichkeit schlagen sich auch in ihren Texten nieder. Gott gebrauchte den ganzen Menschen, um uns sein Wort zu geben. Und trotzdem ist es Gottes Wort. Wie ist das möglich?

In 2. Timotheus 3, 16 schreibt Paulus, daß die Schrift von Gott eingegeben ist. Wörtlich steht dort: „. . . von Gott gehaucht". Der von uns gebrauchte Ausdruck „Inspiration" gibt das nur unvollkommen wieder. Wir gebrauchen ihn z. B., wenn ein Maler oder Musiker von einer künstlerischen Idee inspiriert ist. Aber bei den biblischen Schreibern handelt es sich um etwas anderes. Sie haben nicht eine Idee, sondern Gott erfüllt sie mit seinem Geist. Ihre Texte sind unbedingt

verläßlich. Das jedenfalls ist eine Tatsache, wenn man 2. Timotheus 3, 16 ernst nimmt.

Jesus hat das zweifellos getan. In Matthäus 5, 17f sagt er: *Ihr sollt nicht meinen, daß ich gekommen bin, um das Gesetz oder die Propheten aufzulösen. Ich bin nicht gekommen, um aufzulösen, sondern um zu erfüllen. Denn wahrlich, ich sage euch: Bis Himmel und Erde vergehen, wird weder der kleinste Buchstabe noch ein Tüpfelchen vom Gesetz vergehen, bis es alles geschieht.*

Immer wieder bezieht Jesus sich auf das Alte Testament (Matthäus 19, 4; 21, 16; 22, 31; 26, 31.54; Markus 9, 12; 14, 21.27 u. a.). Dabei erkennt Jesus es zweifellos als verläßliche Autorität an. Das gilt auch im Blick auf den Schöpfungsbericht (Matthäus 19, 4), die Sintfluterzählung (Matthäus 24, 37ff) und die Geschichte vom dreitägigen Aufenthalt des Propheten Jona im Fisch (Matthäus 12, 40). Meinen wir ernsthaft, daß Jesus, der von Gott kam (Johannes 8, 23), der in die Herzen der Menschen sehen konnte (Johannes 2, 25) und für die Zukunft Ereignisse voraussagte (Matthäus 24f), im Blick auf das Alte Testament nicht die Übersicht gehabt hätte? War er hierin ein Kind seiner Zeit, und sehen wir die Dinge heute klarer?

Wer sich bei seinem Bibelverständnis auf Jesus beruft und ihn zur Mitte der Schrift macht, sollte diese Fakten nicht außer acht lassen. Es sei denn, wir stellten auch die Zuverlässigkeit des Neuen Testaments in Frage. Dann spricht in den Evangelien eben nicht Jesus, sondern die urchristliche Gemeinde. Aber wie können wir uns dann überhaupt noch auf Jesus Christus berufen? Wenn er mein Herr ist und ihm alle Macht im Himmel und auf der Erde gegeben ist, muß ich ihm dann nicht zutrauen, daß er mir sein Wort verläßlich übermittelt? Wie steht es damit, wenn er seinen Jüngern den Heiligen

Geist verspricht, der sie in alle Wahrheit führen wird (Johannes 16, 13)? An einer anderen Stelle sagt Jesus, daß der Heilige Geist seine Jünger lehren und an das erinnern wird, was er ihnen gesagt hat. Gilt das nicht im Blick auf das, was sie im Neuen Testament geschrieben haben?

Ich persönlich glaube auch an die göttliche Inspiration der neutestamentlichen Schriften. Ich nehme Petrus ab, daß er die Botschaft Gottes durch den Heiligen Geist verkündigte (1. Petrus 1, 12), und Paulus, wenn er betont, nicht menschliche Lehre, sondern das Evangelium, das ihm Jesus Christus selbst offenbart hat, weiterzugeben (Galater 1, 12).

Gerade darin lag ja das Geheimnis, daß die Worte der Bibel so direkt und unmittelbar in meine Situation hineinsprachen. Hinzu kommt, daß die frühen Christen die ganze Bibel als Wort Gottes ansahen. Auch die Kirchenväter setzten diese Tradition fort. Ich denke also, daß wir keinen Grund haben, der Bibel zu mißtrauen. Selbst wenn es um die Autorenschaft der biblischen Bücher geht, war die alte Kirche zweifellos näher dran als wir heute. Außerdem gibt es für den Heiligen Geist kein Tabu. Auch bei einer so wichtigen Sache wie der Bildung des Kanons wird er beteiligt gewesen sein.

Ich vermute, daß die eigentliche Problematik viel tiefer liegt. Die Auseinandersetzung mit der Bibel vollzieht sich nicht nur auf einer objektiven und sachlichen Ebene. Das macht ein Vergleich mit den alten Klassikern deutlich. Kein Text von ihnen ist so gut bezeugt wie der biblische Text. Beispielsweise macht der englische Theologe Michael Green darauf aufmerksam, daß zwischen der Abfassung der Schriften des Tacitus und den ältesten Abschriften, die wir von ihm besitzen, ein Zeitraum von ca. 800 Jahren liegt. Kein Wissenschaftler regt sich besonders darüber auf. Die Texte des

Tacitus werden nicht in Frage gestellt. Vom Johannesevangelium haben wir eine Handschrift, die im 2. oder 3. Jahrhundert geschrieben wurde. Ein Fragment stammt sogar aus der Zeit um 125 n. Chr. Seit den Funden am Toten Meer gibt es eine Jesaja-Rolle, die auf das erste vorchristliche Jahrhundert zurückgeht. Hinzu kommen Tausende von biblischen Manuskripten in vielen Sprachen der Erde. Der Vergleich unserer Bibel mit den ältesten Handschriften zeigt nur geringe Textunterschiede. Bei den grundlegenden Aussagen der biblischen Botschaft gibt es keine Differenzen.

Das Mißtrauen gegenüber der Bibel hat tiefere Ursachen. Es läßt sich nur erklären, wenn man Paulus ernst nimmt, der einmal schreibt (Epheser 6, 12): *Wir haben nicht mit Fleisch und Blut zu kämpfen, sondern mit den Mächtigen und Gewaltigen, mit den Beherrschern dieser finsteren Welt, mit den bösen Geistern zwischen Himmel und Erde.* Der Satan hat ein großes Interesse daran, das Wort Gottes in Frage zu stellen. Seine Taktik hat sich in ihren Grundzügen nie geändert. Er sät Mißtrauen (*Sollte Gott gesagt haben* . . . — 1. Mose 3, 1). Spätestens seit der Zeit der Aufklärung versucht er das auf die „vernünftige" Tour. Vernunft und Wissenschaft wurden die großen Feinde des Glaubens. Dabei ist diese Sicht völlig falsch. Es waren oft überzeugte Christen wie Francis Bacon (1561—1626), Blaise Pascal (1623—1682) oder Isaac Newton (1643—1727), die aufsehenerregende wissenschaftliche Entdeckungen machten. Männer wie Nikolaus Kopernikus (1473—1543) und Galileo Galilei (1564—1642) gerieten nicht mit der Bibel in Konflikt, sondern mit der Kirche. Das muß man sorgfältig unterscheiden. Die Alternative von Glauben und Denken ist also nicht ein Resultat der Bibel, sondern der kirchlichen Amtsträger. Aber mit der Aufklärung versuchte man Denken und Glauben gegeneinander auszuspielen.

François Voltaire (1694—1778), ihr geistiger Vater, machte sich über die biblische Offenbarung lustig. Die Vernunft wurde zum Kriterium. Was ihr nicht standhielt, wurde abgesetzt. Dieses Denken drang schließlich auch in die Theologie ein. Nach meiner Überzeugung haben wir noch heute daran zu tragen.

Nun ist es ohne Zweifel falsch, alle historisch-kritische Arbeit an biblischen Texten zu verurteilen. Gerade weil wir den Bibeltext für wichtig halten und möglichst genau wissen wollen, was er sagt, sollten wir das zeitgeschichtliche Umfeld zu erhellen versuchen. Problematisch ist nur der Stellenwert, dem die Vernunft dabei zukommt. Wer meint, die Bibel nach allgemeinen wissenschaftlichen Grundsätzen prüfen und beurteilen zu können, wird ihr nicht gerecht. Es ist doch erwiesen, daß der Erkenntnisgegenstand die Erkenntnismethode bestimmt und nicht umgekehrt. Ich kann nicht eine x-beliebige Methode anwenden und dann ein gültiges Ergebnis erwarten. Zumindest muß ich einkalkulieren, daß meine Methode falsch ist.

Nach meiner Überzeugung wird der Maßstab menschlicher Vernunft der Bibel nicht gerecht. Und das nicht etwa deshalb, weil Glaube und Vernunft Gegensätze wären, sondern weil die Offenbarung Gottes die Grenzen meiner Vernunft sprengt. Ich bekomme Gott mit meinem Denken nicht in den Griff. Deshalb kann ich auch seine Offenbarung in der Bibel letztlich nicht mit meiner Vernunft fassen, geschweige denn beurteilen.

Während meiner Dünenspaziergänge stieß ich einmal auf ein Wort aus dem 2. Korintherbrief: *Wir zerstören nämlich damit Gedankengebäude und alles Hohe, das sich gegen die Erkenntnis Gottes erhebt, und nehmen alles Denken gefangen und führen es zum Gehorsam gegen Christus* (2. Korinther

10, 5). Darum geht es. Biblisch orientiertes Denken stellt jeden Gedanken unter den Gehorsam Christi. Eine Umkehrung dieses Prinzips bewegt sich immer im Bereich des Ungehorsams und ist damit Sünde. Diese Hintergründe müssen wir sehen, wenn wir das Problem richtig erfassen wollen. Es stimmt zwar, daß die Autoren des Alten und Neuen Testamentes Menschen wie wir waren. Aber Gott gebrauchte sie als Erstzeugen und Botschafter seines Wortes. Sicher lebten sie im Denken ihrer Zeit. Aber weil Gottes Geist sie inspirierte und ihnen Einsichten schenkte, die weit über ihre Zeit hinausgingen, werden wir ihren Texten nicht gerecht, wenn wir sie nur als zeitgeschichtliche Dokumente behandeln. In dieser Beziehung sollten wir von den ersten Christen lernen. So begegnen wir in den Psalmen nicht nur David, sondern dem Geist Gottes, der durch ihn sprach (Apostelgeschichte 4, 25). Nur weil das so ist, konnte die Bibel entstehen. Nur auf diese Weise konnte es auch zu den Texten wie z. B. der Schöpfungsgeschichte oder der Offenbarung kommen. Es bleibt dabei: *Vom heiligen Geist getrieben, haben Menschen im Namen Gottes geredet* (2. Petrus 1, 21).

Angesichts dieser Tatsache müssen unsere kritischen Denkraster versagen. Sie werden dem Wort Gottes nicht gerecht. Im Gegenteil, hätte man den biblischen Text jeweils dem neuesten wissenschaftlichen Denken angeglichen, so wäre er heute längst überholt. Mag sein, daß uns beim Lesen der Bibel manche Fragen offen bleiben (ich pflege dann ein Fragezeichen an den Rand zu setzen). Aber wer sind wir, daß wir heute noch beurteilen könnten, was die Autoren der biblischen Bücher damals richtig, falsch oder anders gesagt haben sollten? Wir können sie nicht mehr fragen. Deshalb werden wir hin und wieder mit offenen Fragen leben müssen. Vorschnelle und scheinbar „vernünftige“ Schlüsse führen oft zu Kurzschlüssen. Manchmal öffnet sich uns nach Monaten oder Jahren eine komplizierte Textstelle, und wir finden eine Antwort auf unser Problem (ich pflege dann das Fragezeichen auszuradieren).

Dabei weiß ich natürlich, daß nicht alle Bibeltexte gleich wichtig sind. Die Bibel ist keine ebene Fläche, sondern eine Gebirgslandschaft mit großen Höhen und weiten Tälern. Selbst der Apostel Paulus unterscheidet zwischen dem, was er als *Wort des Herrn* weiterzugeben hat, und seinen eigenen Ansichten (1. Korinther 7, 10.25; 1. Thessalonicher 4, 15 u. a.). In diesem Zusammenhang ist das Wort Luthers, in der Bibel sei das wesentlich, „was Christus treibet", schon eine gute Hilfe. Zweifellos ist Jesus Christus die Mitte der Schrift. Aber das kann uns nur helfen, wenn es um die Gewichtung biblischer Aussagen geht. Eine Trennungslinie zwischen Wort Gottes und Menschenwort läßt sich (auch im Sinne Luthers) auf diese Weise nicht finden. Wir stehen immer unter der Bibel und nicht darüber. Sie stellt *uns* ins Licht (Psalm 119, 105) und zeigt *uns* die wunden Stellen *unseres* Lebens und nicht umgekehrt.

Mag sein, daß sich nun einer fragt, weshalb ich das alles für so wichtig halte. Das Christsein hängt zweifellos nicht davon ab, ob einer der ganzen Bibel glaubt oder zwischen den Texten Unterschiede macht. Mein Plädoyer für die Vertrauenswürdigkeit der Bibel hängt einmal mit meinen Holland-Erfahrungen zusammen. Ich habe dort die Bibel ganz besonders kennen und lieben gelernt. Aber hinzu kommt eine Einsicht, die weit über meine Holland-Erfahrungen hinausreicht: Unser Vertrauen und Gehorsam der Bibel gegenüber wirkt sich ganz entscheidend bei der Verwirklichung unseres Christseins aus. Im längsten Psalm der Bibel taucht die Frage auf, wie ein junger Mann seinen Weg richtig finden und gehen kann. Die Antwort darauf: *Wenn er sich hält an deine Worte* (Psalm 119, 9). Zwei Verse weiter heißt es sogar: *Ich behalte dein Wort in meinem Herzen, damit ich nicht wider dich sündige.* Das heißt doch: Wir brauchen die Bibel und das Vertrauen zu ihr, um nach dem Willen Gottes zu leben. Paulus schreibt an Timotheus: *Jedes Schriftwort, von Gott eingegeben, dient aber auch zur Lehre, zum Überführen der Schuldigen, zur Besserung und zur Erziehung in der Gerechtigkeit* (2. Timotheus 3, 16f).

Es ist keine Theorie, sondern eine praktische Erfahrung, die ich aus meinem persönlichen Leben und aus seelsorgerlichen Gesprächen gewonnen habe: *Mißtrauen gegenüber der Bibel behindert geistliches Leben. Vertrauen zur Bibel fördert geistliches Leben.*

Die Bibel ist voller Zusagen Gottes. Aber was soll ich mit ihnen anfangen, wenn ich nicht einmal weiß, ob sie wirklich von Gott oder nur von Menschen gegeben wurden? Hinzu kommt, daß nicht *unser* Wort, sondern *Gottes* Wort wirksam und lebendig ist und selbst harte Menschen innerlich aufsprengen kann (Hebräer 4, 12). Je mehr meine Predigten sich an sein Wort binden, desto wirkungsvoller sind sie. Je mehr sie meine eigenen Gedanken widerspiegeln, desto mehr versickern sie wirkungslos in der Fülle menschlicher Meinungen und Ansichten. Dabei geht es mir nicht darum, die Bibel zu zitieren. Wer mit vielen Bibelsprüchen um sich wirft, hält damit noch keine vollmächtige Predigt. Wir haben das Wort Gottes so klar und verständlich weiterzusagen wie nur eben möglich. Aber es muß *sein* Wort sein und nicht irgendeine humanistische Philosophie.

Vertrauen zur Bibel und der Mut, ihre Botschaft ernst zu nehmen — das ist das, was wir brauchen. Wenn wir dies endlich begreifen und verwirklichen, werden wir zweifellos progressive Menschen sein. Wir werden nicht konservativ das Bestehende festschreiben, sondern in einem echten Fortschritt auf die Zukunft Gottes hin leben. Biblisches Denken steht oft im schrillen Gegensatz zum gesellschaftlichen Denken. Es stimmt einfach nicht, daß biblische, pietistische oder evangelikale Christen (oder wie wir sie auch immer bezeichnen wollen) rückständige Menschen sind. Wenn sie sich selbst und ihren Glauben ernst nehmen, werden sie zu Hinweisschildern auf die neue Welt Gottes.

Das ist nun eine aufsehenerregende und zukunftsträchtige Sache. Deshalb ist nicht die enge Bindung an die Bibel unser Problem, das wir überwinden müßten. Problematisch sind unsere traditionellen Gepflogenheiten, von denen wir uns nicht lösen wollen. Hier lag der Streitpunkt zwischen Jesus und den Pharisäern. Jesus kritisierte nicht ihre enge Bindung an die Schrift. Sie setzten aber ihre Lehrtradition über die Schrift. Das war ihr Problem. John Stott schreibt: „In vielen Gemeinden scheint man die Tradition unserer evangelikalen Väter heiliger zu halten als die Bibel selbst.“ Ich vermute, daß er recht hat. Wir glauben zwar, daß unsere Traditionen der Bibel entsprechen. Aber um das festzustellen, müssen wir sie immer neu an der Bibel überprüfen.

Wenn wir z. B. die Friedensdiskussion auf einer eindeutig biblischen Ebene führen würden, käme es sicher zu guten und ehrlichen Ergebnissen. Wir würden aufhören, uns gegenseitig jeweils in ideologisch vorgeprägte Schubladen zu sortieren. Wenn wir lernten, ethische Fragen wirklich biblisch und nicht nur traditionell zu beantworten, würden auch hier unsere Ergebnisse eindeutig sein und im Widerspruch zu gesellschaftlichen Verhaltensmustern stehen. Im andern Fall bleiben wir Christen die ewig Gestrigen. Das heißt, wir erleben eine ähnliche Entwicklung wie die allgemeine Gesellschaft. Sie trifft uns nur einige Jahre später. Im Bereich der Sexualethik ist das heute deutlich zu beobachten.

Deshalb plädiere ich für ein bibelgebundenes, offenes Denken. Wir sollten sehr eng sein, wenn es um die Bindung an die Bibel geht. Weil Gott sich in diesem Buch offenbart, können wir nicht sorgfältig genug mit ihr umgehen. Aber wir sollten sehr weit sein, wenn es um die Verwirklichung der biblischen Botschaft geht, weit und unabhängig gegenüber allen traditionellen und gesellschaftlichen Meinungen.

Auf diese Weise werden wir auch wieder frei für die konkrete Führung Gottes in unserem Leben. Traditionelle Gepflogenheiten machen uns schwerfällig und unbeweglich. Wenn wir uns dagegen von allen anderen Festlegungen lösen und wirklich offen für das Reden Gottes sind, machen wir erstaunliche Erfahrungen. Wir erleben, daß Jesus tatsächlich unveränderlich derselbe ist (Hebräer 13, 8), daß er auch heute verständlich durch sein Wort zu uns redet und daß es keinesfalls überholt ist, mit seiner konkreten Führung zu rechnen. Doch darüber im nächsten Kapitel mehr.

Persönliche Fragen

1. Was erwarte ich konkret von der Bibel? Welche Bedeutung hat sie für mich?
2. Wo mißtraue ich der Bibel, und woher rührt dieses Mißtrauen (von Menschen, negativen Erfahrungen, „vernünftigen" Gründen usw.)?
3. Was sollte sich in meinem Verhältnis zur Bibel ändern? Welche Gründe gibt es für eine solche Veränderung?

Bibeltext: 2. Timotheus 3, 14-17

13. Tag

Unter der Leitung des Heiligen Geistes

Wenn ich lese, was ich bisher geschrieben habe, beschäftigt mich eine Sorge. Der Leser könnte meinen, die „Holland-Erfahrungen“ seien eine runde und glatte Sache gewesen. Ich sei dort eingetroffen, und schon habe mir Gott kontinuierlich seine Perspektive eröffnet. Aber so war es nicht. Es gab auch während dieser Zeit ein Auf und Ab. Mal fühlte ich mich Gott sehr nahe und sang laut mit dem rauschenden Meer um die Wette. Dann wieder erfuhr ich Augenblicke der Mutlosigkeit und des Zweifels. Besonders nachts lag ich manchmal wach und wurde die belastenden Gedanken nicht los. Ich dachte an meine Familie und meine Arbeit und fand genug Gründe, mir Sorgen zu machen. Ich hatte einen kleinen Kassettenrecorder bei mir, mit dem ich mir von Zeit zu Zeit Teile aus dem „*Messias*“ anhörte. Eines Nachts hörte ich während einer solchen Phase die Arie „Er weidet seine Herde . . .“ Mich haben Musik und Text dieses Stückes noch nie so bewegt wie in dieser Situation.

Wenn ich heute die Aufzeichnungen aus jener Zeit lese, entdecke ich die Schwankungen sehr deutlich. Ich meine auch nicht, daß es ein Christsein ohne Schwankungen gibt. Auch nach Holland hat sich das nicht geändert. Und doch war diese Zeit ein wichtiger Wachstumsprozeß für mich. Er hat mich näher zu Jesus gebracht und war gerade zu diesem Zeitpunkt meines routinierten und hektischen Lebens notwendig.

Als ich wieder einmal ziemlich niedergeschlagen war, stand

ich am Strand und wünschte mir zum ersten Mal während jener Einsamkeit einen Menschen, mit dem ich beten konnte. Dabei fiel mir Corrie ten Boom ein und in diesem Zusammenhang ihre Heimatstadt Haarlem. Dazu muß ich bemerken, daß Corrie ten Boom zu den Menschen gehört, die mich durch ihre Bücher geprägt haben. Gerade im praktischen Leben und ihrem Vertrauen auf Gott hat sie mir wichtige Hilfen vermittelt. Nun dachte ich also an sie. Ich hatte keine Ahnung, wo sie zur Zeit lebte. Aber plötzlich hatte ich den Gedanken, nach Haarlem fahren zu sollen. Vielleicht konnte ich sie sprechen und mit ihr beten.

Nun war das keine weite Entfernung. Aber mir kam die Sache doch ziemlich verrückt vor. Ich wußte nicht einmal, ob Corrie sich noch in Holland aufhielt, geschweige denn in Haarlem. Abgesehen davon, wie sollte ich bei meiner Suche vorgehen? Ich hatte keine Anschrift, und die Stadt war groß. Ich verwarf den Gedanken an den Besuch, aber er kam wieder. Der Einfall mit Haarlem war wie ein Tick, den man nicht mehr los wird. Und so machte ich mich am Nachmittag tatsächlich auf den Weg.

Als ich in der Stadt eintraf, wußte ich natürlich nicht weiter. So fuhr ich den Hinweisschildern mit der Aufschrift „Centrum" nach. Auf diese Weise kam ich in die Altstadt und brauchte mich nicht mehr um den Weg zu sorgen. Ich geriet in ein solches Gewirr von kleinen Straßen und Winkeln, daß mir in den meisten Fällen die Entscheidung der Fahrtrichtung abgenommen wurde. Die schmalen Einbahnstraßen ließen nur eine Richtung zu. Schließlich hielt ich bei der ersten Parkmöglichkeit, die ich fand. Etwas hilflos schloß ich meinen Wagen ab.

Was nun? Ich ging einige Schritte, kehrte aber dann zum Auto zurück, weil ich etwas vergessen hatte. Dabei bemerkte ich, daß ich vor einem alten holländischen Haus mit einem typisch großen Wohnzimmerfester stand. Auf der Glasscheibe sah ich einen Aufkleber mit einem Israelstern und dem Text: „Israel — ein Wunder Gottes". Ich dachte zwar einen Augenblick daran, dort zu schellen. Aber da mir der Mut dazu fehlte, machte ich mich erneut auf den Weg. Ich ging zu einem Telefonhäuschen und suchte im Telefonbuch nach dem Namen „ten Boom". Ich fand viele „Booms", aber, soweit ich mich erinnere, nur eine Familie ten Boom. Sollte ich sie anrufen oder aufsuchen? Da fiel mir wieder der Israelstern an der Fensterscheibe ein. Nur die Angst vor einer Blamage hatte mich gehindert, dort zu schellen. Mit einiger Mühe fand ich meinen Wagen wieder (ich mußte zweimal nach der Straße fragen) und damit auch das besagte Haus. Ich klingelte. Eine alte Frau öffnete und sah mich kritisch an. „Guten Tag, kennen Sie Corrie ten Boom?" frage ich sie. Da hellten sich ihre Gesichtszüge auf. Sie lud mich ein, in die Wohnung zu kommen, und wollte mir unbedingt einen Kaffee machen.

Dann erzählte sie mir, daß das Uhrmachergeschäft der Familie ten Boom hier ganz in der Nähe gewesen sei. Corrie lebe jetzt in Amerika. Leider hätte sie nicht die genaue Anschrift, aber die könne sie mir besorgen. (Das hat sie inzwischen getan.) Nachdem sie sich erkundigt hatte, wer ich sei und wo ich herkomme, erzählte sie mir von ihrer Not. Ihre schon erwachsenen Söhne lebten nicht mit Gott. Dann haben wir miteinander gebetet und dabei besonders an ihre Kinder gedacht.

Als ich die Wohnung schließlich verließ, mußte ich nicht mehr nach Corrie ten Boom suchen. Aber inzwischen wußte ich, daß Jesus mich mit dieser Christin zusammengebracht hatte. Ich konnte mit einem Menschen beten. Er sprach zwar nur holländisch und ich nur deutsch, aber wir haben uns glänzend verstanden. Vielleicht hatte sie jemanden gesucht und gebraucht, der mit ihr für ihre Kinder betete. Ich weiß es nicht. Ich will auch sehr vorsichtig mit dieser Erfahrung umgehen. Es kann nicht darum gehen, daß wir uns von spontanen Einfällen und Gedanken leiten lassen. Es gehört schon ein geistliches Unterscheidungsvermögen dazu, herauszufinden, was von uns und was von Gott ist. Dabei werden wir, wie ich, oft sehr unsicher und tastend vorangehen und manchmal erst im Nachhinein wissen, was Gott beabsichtigt hat. Ab und zu wird selbst das für uns verborgen bleiben.

Aber worauf es mir für mich und andere ankommt, ist die Offenheit und Hörbereitschaft für Gottes Führung. Das möchte ich aus dieser und anderen Erfahrungen lernen. Es gibt viele Arten der Führung Gottes. Er gebraucht dabei die unterschiedlichsten Instrumente. Gott führt durch sein Wort, durch hörendes Beten, durch andere Menschen, durch besondere Erfahrungen und auch durch unsere natürliche Begabung, die ja ebenso von ihm stammt. Aber wenn ich unsere Praxis sehe, habe ich den Eindruck, wir haben die Reihenfolge auf den Kopf gestellt. Wir hören auf unsere Vernunft, entscheiden meist nach vernünftigen Gesichtspunkten und ordnen dann dem Wort Gottes und dem Gebet nur noch eine flankierende Rolle zu. Menschlich gesprochen, muß sich Gott schon gewaltig anstrengen, wenn er unsere vernünftigen Gründe korrigieren will. Können wir damit ernsthaft behaupten, nach neutestamentlichen Maßstäben vorzugehen? Gerade Corrie ten Boom hat mich gelehrt, daß es auch heute konkrete Leitung durch den Heiligen Geist gibt — unabhängig von allem Mißbrauch, den manche Leute damit treiben. Gott mußte mich erst in eine Ausnahmesituation bringen, um diese neutestamentliche Wirklichkeit zu erfahren.

Aber wenn schon, will ich die Geschichte ganz erzählen. Eigentümlicherweise wollte mir die alte Dame durchaus Geld geben. Ich lehnte immer wieder ab und wehrte mich energisch. Schließlich warf sie das Geld in eine Tasche, die ich bei mir hatte.

Am Abend überkam mich wieder die alte Traurigkeit. Selbst die Fahrt nach Haarlem schien mir eine vergebliche Fahrt gewesen zu sein. Ich hatte einen sehr bösen Gedanken. „Mag sein, daß du der Frau etwas geben konntest", sagte ich mir, „aber du selbst hattest doch wenig davon. Die Person, die du treffen wolltest, hast du nicht getroffen. Außerdem hat dich die Fahrt noch Geld gekostet."

Es ist eigentümlich, wie raffiniert uns der Satan gerade in geistlich starken Phasen gegenübertritt und dort packt, wo wir schwach sind. Meine Gefühle sanken wieder auf den Nullpunkt. Selbst das Kilometergeld, das ich zu zahlen hatte, spielte nun eine Rolle. Aber da fiel mir der Betrag ein, den die Frau mir gegeben hatte. Als ich nachschaute, war es auf den Kilometer genau die Summe, die ich für die Fahrt nach Haarlem und zurück zu zahlen hatte. Ich weiß nicht, was das für dich bedeutet. Für mich war es ein sichtbares Zeichen, daß Gott mich tatsächlich geführt hatte und sich nicht einmal etwas schenken ließ.

Persönliche Fragen

1. Wie groß sind meine Erwartungen, wenn es um die Führung Gottes in meinem Leben geht? Wann rechne ich damit, wann nicht?
2. Welche Erfahrungen habe ich mit der Führung Gottes gemacht? Wie kam diese Führung zustande?
3. Welche Gründe habe ich (meine ich zu haben), an der Führung Gottes zu zweifeln? Wie kann ich diese Gründe überwinden?
4. Was hindert mich eigentlich, mein Leben jetzt der Führung Gottes anzuvertrauen?

Bibeltext: Psalm 32, 8

Meine Zeit steht in deinen Händen

Es war Silvesterabend. Wir waren in der Gemeinde zusammen, um das alte Jahr zu verabschieden. Dabei pflegt unsere Wittener Gemeinde eine besondere Tradition. Man läßt am Schluß des Zusammenseins einen Korb mit Spruchkarten herumgehen. Jeder kann sich dann ein Bibelwort nehmen. Bei dem Wort, das ich zog, handelte es sich um eine Zusage Gottes: *Meine Zeit steht in deinen Händen* (Psalm 31, 16). Damals ahnte ich noch nicht, wie wichtig dieses Wort für mich werden sollte. Aber einige Tage später, als sich meine Situation zuspitzte, begann der Text zu reden. Ich schlug den entsprechenden Psalm auf und stellte fest, daß es in dem Lied Davids um viel mehr als nur um meine Zeit geht. Mein Geschick, ja meine ganze Existenz ist in den Händen Gottes.

Mit diesem Wort begann die Lebensphase, von der ich in diesem Buch berichtet habe. Trotz aller psychischen Schwankungen stand mein Lebensfundament damit fest. Ich wußte, daß meine Zeit in den Händen Gottes liegt. Er hatte mir von vornherein für diesen Abschnitt das richtige Wort gegeben. Dadurch wurden die folgenden Wochen zu einer geistlichen Lebensschule für mich. Gott öffnete mir die Augen für seine Wirklichkeit. Mir wurde klar, daß mein Leben nicht mehr mir, sondern ihm gehört. Das bedeutete, daß ich mich ganz und gar auf seine Kraft verlassen konnte und durch ihn zu einer wirklich fruchtbaren Aktivität geführt wurde. Er machte mich auch auf meinen Unglauben und meine Ehrsucht aufmerksam. Er zeigte mir, an welcher Stelle meine inneren Augen verschmutzt waren und wo verborgene Fesseln mein geistliches Leben lähmten. Durch Jesus entdeckte ich Gott neu als meinen Vater. Ebenso bekam ich einen neuen Blick für die Menschen um mich herum. Selbst mich sah ich in einem anderen Licht. Ich hatte es nicht mehr nötig, mich hinter meinem Dienst zu verstecken. Während dieser Zeit entdeckte ich die Bibel neu als Gottes verläßliches Wort, und ich machte konkrete Erfahrungen mit seiner Führung.

Manchmal werde ich gefragt, ob sich mit meinem Holland-Aufenthalt eine neue Erfahrung oder eine höhere geistliche Erkenntnis verbindet. War diese Zeit also so etwas wie ein zweiter und damit größerer Segen für mich? Ich verneine das. Sicher war es eine gesegnete Zeit. Aber eine gehobene geistliche Lebesstufe verbindet sich für mich nicht damit.

Als ich einmal in der Gefahr stand, eine außergewöhnliche Erfahrung von Gott zu erwarten, stieß ich auf Matthäus 12. Dort verlangen die Schriftgelehrten besondere Zeichen von Jesus. Aber er sagt: *Ihnen wird kein anderes Zeichen gegeben werden als das Zeichen des Propheten Jona. Denn wie Jona drei Tage und drei Nächte im Bauch des Fisches war, so wird der Menschensohn drei Tage und drei Nächte im Schoß der Erde sein* (Matthäus 12, 39f).

Es gibt kein größeres Zeichen als das Sterben und die Auferweckung Jesu. Mit Christus gekreuzigt, begraben und auferstanden zu sein, das ist das Fundament unseres Glaubens. Einen größeren Segen haben wir nicht zu erwarten. Deshalb warne ich jeden, der in diesem Buch einen Weg zu einer außergewöhnlichen geistlichen Erfahrung entdecken möchte. Er wird vergeblich danach suchen. Alltägliches Leben in der Kraft Gottes, das ist der Inhalt meines Berichtes. Jeder, der sich Jesus Christus anvertraut, auf ihn hört und ihm gehorcht, wird ähnliche Erfahrungen machen wie ich. Nicht zu spektakulären oder sensationellen Erlebnissen will uns Gott führen, sondern zur Hingabe und völligen Auslieferung an ihn. Wenn unser verborgenes Leben mit ihm stark ist, werden wir Frucht bringen. Aber wie bleibt man im verborgenen Leben stark? Gibt es überhaupt ein kontinuierliches Leben mit Christus? Mußten meine Holland-Erfahrungen nicht notgedrungen den Weg aller Urlaubserinnerungen nehmen?

Nein, das mußten sie nicht. Ich kann zwar nicht behaupten, alle Holland-Erkenntnisse verwirklicht zu haben. Aber sie haben mich nachhaltig geprägt. Vor allem habe ich aufgehört, an der falschen Stelle zu kämpfen. Ich habe mit dem Kampf des Glaubens begonnen (1. Timotheus 6, 12) und den Kampf meiner Intelligenz und eigenen Kraftanstrengungen eingestellt.

Ich behaupte nicht, daß der Kampf des Glaubens einfach sei. Aber er ist einfacher, als wir denken. Im Grunde entscheidet er sich immer nur an einer Frage: Existiert der Gott der Bibel für mich wirklich? Ist die geistliche Wahrheit, von der die Bibel spricht, so real für mich wie die Dinge, die ich sehen, hören und betasten kann? Es ist eine Tatsache, daß unser geistliches Leben letztlich immer wieder an unserem Vertrauen zu Gott scheitert. Angenommen, du kennst einen einflußreichen Menschen, von dem du weißt, daß er dich aufrichtig liebt und daß er bereit ist, alles nur Erdenkliche für dich zu tun. Würdest du ihm vertrauen? Sicher würdest du das. Wir vertrauen ja sogar Menschen, die nur geschäftsmäßig mit uns umgehen. Aber bei Gott und Jesus Christus ist das anders. Weshalb eigentlich? Wir sehen ihn nicht! Letztlich scheitert unser Vertrauen an der unsichtbaren Wirklichkeit Gottes. Der Hebräerbrief definiert Glaube als *ein Nichtzweifeln an dem, was man nicht sieht* (Hebräer 11, 1). Oder positiv ausgedrückt: Glauben heißt, von der unsichtbaren Realität Gottes, seines Sohnes Jesus Christus und des Heiligen Geistes überzeugt zu sein. Folglich heißt im Glauben leben, sich dieser Realität von Augenblick zu Augenblick anzuvertrauen. Die Verwirklichung der Entdeckungen, die ich in diesem Buch beschrieben habe, hängt entscheidend davon ab.

Aber wie können wir damit beginnen? Nach meiner Erfahrung ist das eine Frage der Einübung. Die Bekehrung zu Jesus Christus und das damit verbundene neue Leben machen mich zwar zum Bürger des Reiches Gottes. Aber wer meint, damit sei alles gelaufen, täuscht sich gewaltig. Ich bin jetzt Gottes Kind, ohne Frage. Aber ich muß lernen, als sein Kind zu leben. Alle neuen und alten Entdeckungen, die ich in Holland machte, wollen eingeübt werden. Anders geht es nicht.

Aber sei vorsichtig! Das Einüben könnte dich schon wieder auf eine falsche Fährte bringen. Ich rede nicht von dem Einüben unserer Qualitäten und Fähigkeiten, sondern von der Einübung des Glaubens. Laß mich ein Beispiel gebrauchen. Einer der besten Organisten und Kirchenmusiker Deutschlands ist blind. Er heißt Helmut Walcha und ist ein hervorragender Interpret der Orgelmusik Johann Sebastian Bachs. Man sagt, er habe die Gabe, komplizierte musikalische Strukturen von innen her zu erkennen. Wenn er ein Bach-Präludium oder eine Bach-Fuge spielt, beginnt das Werk zu leben. Man spürt, wie er darin zu Hause ist. In einem Rundfunkgespräch meinte Helmut Walcha einmal, daß ihm seine Erkrankung, die ihm die sichtbare Welt endgültig verschloß, den Weg nach innen öffnete und erleichterte. Auf diese Weise entwickelte sich eine neue Sensibilität, die nicht ständig von visuellen Eindrücken verdrängt wurde.

Das ist es, was uns fehlt. Unsere Umwelt dringt mit so massiven Bildern und Gedanken auf uns ein, daß wir den Blick für die geistliche Welt des Glaubens verlieren. Sie scheint uns nebulös und unwirklich zu sein. Dieser Gefahr können wir nur begegnen, wenn wir es lernen, bewußt im Glauben zu leben und die geistliche Realität ganz praktisch ernst zu nehmen.

Dazu gehört zweifellos der Verzicht auf ein Übermaß an visuellen und materiellen Eindrücken. Wir müssen nicht alles in uns aufnehmen, was es aufzunehmen gibt. Wer ständig mit Bildern umgeht und die damit verbundenen Reize aufnimmt, muß sich nicht wundern, wenn sein geistliches Leben auf der Strecke bleibt. Besonders schädlich sind solche Eindrücke, die unsere Triebe der Herrschaft des Heiligen Geistes entreißen. Fast pausenlos sind wir ihnen ausgesetzt. Die Fernsehwerbung, die unser Ego, unsere Sexualität und unsere Habsucht mit Wünschen stimuliert, ist eben keine harmlose Hintergrundkulisse. Ganz zu schweigen von den vielen Unterhaltungssendungen und Filmen, die unsere Seele vergiften.

Mir will es nicht in den Kopf, daß manche Christen, die während ihres ganzen Lebens Kino und Theater ablehnten, im Wohnzimmer jeden Schmutz konsumieren. Bilder werden aufgenommen und bleiben. Niemand bilde sich ein, sie gingen spurlos an uns vorüber. Wie ein Videorecorder, der ständig auf Aufnahme steht und Geräusche und Bilder speichert, so ist auch unser Leben. Deshalb hilft uns nur eine bewußte Ausrichtung auf Jesus. Er sagte zu Pilatus: *Mein Königtum ist nicht von dieser Welt* (Johannes 18, 36). Je mehr wir es lernen, unter seiner Herrschaft zu leben, desto mehr werden wir uns darin zu Hause fühlen. Das führt keinesfalls zur Weltflucht. Aber es befreit von den Zwängen der Welt und macht uns zu wirksamen Salzkörnern Gottes.

Das ist Gottes Ziel mit uns. Um das zu erreichen, führte er mich in die Krise. Das war zwar schmerzhaft, aber auch heilsam. Nur so wurde ich hörbereit und konnte verstehen,

was Gott sagte. In Holland gibt es große und farbenprächtige Tulpenfelder. Im Frühjahr gehen die Blumenzüchter über manche Felder und schneiden die blühenden Kelche ab. Wer das zum ersten Mal sieht, kann es kaum fassen. Aber der Fachmann weiß, was er tut. Er will, daß die Tulpenzwiebel möglichst stark wird. Um das zu erreichen, verzichtet er auf die augenblickliche Schönheit der Blume. Er schneidet ihren blühenden Kopf ab, damit die ganze Kraft der Pflanze in die Zwiebel dringt und neue Tulpenzwiebeln hervorbringt.

Wer mich heute fragt, was die Zeit in Holland letztlich für mich bedeutet hat, dem antworte ich mit diesem Bild. Gott mußte meine Aktionen und Programme abschneiden, damit ich im Verborgenen wachsen konnte. Erst in der Einsamkeit entdeckte ich neu die Liebe, Kraft und Größe Gottes. Unser geistliches Leben in der Öffentlichkeit pulsiert aus unserem geistlichen Leben in der Verborgenheit und nicht umgekehrt. Wir werden als Christen in der Öffentlichkeit nie mehr sein können, als wir im Verborgenen sind.

Auf dieses geistliche Lebensprinzip wollte ich mit meinem Buch aufmerksam machen. Deshalb habe ich es geschrieben. Darum habe ich am Schluß unseres — zugegeben meist einseitigen — Gesprächs nur einen Wunsch: Warte nicht auf eine besondere Erfahrung! Suche sie nicht in Holland oder anderswo! Einsame Landschaften, besondere Menschen oder Gruppen können sie dir nicht geben. Es gibt nur eine Quelle für reales geistliches Leben. Diese Quelle heißt Jesus. Er ist da, wo du gerade bist.

Persönliche Fragen

1. Was bedeutet das Christsein für mich, und an welchen Stellen muß ich meine Vorstellung korrigieren (wenn ich z. B. an das Bild von den Tulpen denke)?
2. Welche Einsichten habe ich durch das Buch (wieder)entdeckt, und was muß sich konkret bei mir ändern, um sie zu verwirklichen?
3. Was hindert mich, jetzt mit meinem Vater im Himmel darüber zu sprechen und mein ganzes Vertrauen auf ihn zu setzen?

Bibeltext: Psalm 31, 16